书山有路勤为径，优质资源伴你行
注册世纪波学院会员，享精品图书增值服务

人才领先战略系列丛书

精准选人
提升企业利润的关键
（第2版）

李祖滨 陈 媛 ◎著

电子工业出版社
Publishing House of Electronics Industry
北京·BEIJING

未经许可，不得以任何方式复制或抄袭本书之部分或全部内容。
版权所有，侵权必究。

图书在版编目（CIP）数据

精准选人：提升企业利润的关键 / 李祖滨，陈媛著. —2 版. —北京：电子工业出版社，2023.10
（人才领先战略系列丛书）
ISBN 978-7-121-46388-4

Ⅰ. ①精… Ⅱ. ①李… ②陈… Ⅲ. ①企业管理－人力资源管理 Ⅳ. ①F272.92

中国国家版本馆 CIP 数据核字（2023）第 181724 号

责任编辑：吴亚芬
印　　刷：河北鑫兆源印刷有限公司
装　　订：河北鑫兆源印刷有限公司
出版发行：电子工业出版社
　　　　　北京市海淀区万寿路 173 信箱　邮编：100036
开　　本：720×1000　1/16　印张：12.75　字数：204 千字
版　　次：2018 年 1 月第 1 版
　　　　　2023 年 10 月第 2 版
印　　次：2024 年 4 月第 3 次印刷
定　　价：68.00 元

凡所购买电子工业出版社图书有缺损问题，请向购买书店调换。若书店售缺，请与本社发行部联系，联系及邮购电话：(010) 88254888，88258888。
质量投诉请发邮件至 zlts@phei.com.cn，盗版侵权举报请发邮件至 dbqq@phei.com.cn。
本书咨询联系方式：(010) 88254199，sjb@phei.com.cn。

总序

2040年，让中国人力资源管理领先世界

➡ 南丁格尔的启示

因为我出生在国际护士节5月12日这一天，还因为我的母亲做了一辈子的护士，所以我对被称为"世界上第一个真正的女护士"的南丁格尔一直充满了好奇心。2018年10月，我在英国伦敦独自一人参观了南丁格尔博物馆。博物馆在圣托马斯医院内，面积约300平方米，里面模拟了当时战场上的行军床、灯光，还模拟了枪炮声，以及战场伤员痛苦的叫喊声。博物馆内一个展柜吸引了我的注意，上面写着"She is a writer"（她是一位作家），她一生留下了二十多万字有关护理工作的记录，其中不仅有南丁格尔记录护理经历的63封书信、札记，还有她的《护理札记》《医院札记》《健康护理与疾病札记》等多部专著。这些给了我很大的触动：南丁格尔也许并不是第一个上战场做护理的人，也不是救治伤员数量最多的，但因为她是关于护理工作最早、最多的记录者，她以事实、数据和观察为根据，总结了护理工作的细节、原则、经验和护理培训方法等，并把这些记录写成书籍流传下来，向全球传播，为护理工作发展为护理科学做出了重要的贡献，所以她当之无愧成为护理学的奠基人。

这一年，我和我的团队已经完成了"人才领先战略"系列第3本书的写作，参观南丁格尔博物馆的经历更加坚定了我写书的信念，我们要写更多的书，只有这样才能真正地为中国、为中国企业、为中国的人力资源管理做出我

们应有的微薄贡献，才能不辜负这个时代赋予我们的使命！

"人才时代"已到来

从增量经济到存量经济

改革开放四十多年，中国经济发展可以粗略地分为"增量经济时代"和"存量经济时代"两个阶段。

第一阶段是 1978—2008 年，是需求拉动增长的"增量经济时代"，这个阶段也被称作"中国经济黄金 30 年"。中国经济形势大好，很多企业即使不懂经营和管理，也能做大规模，获得经济大势的红利。企业似乎只要能够生产出产品，就不愁卖不出去，轻易就可以获取源源不断的收入和利润。在这个阶段，规模、速度、多元化是企业的核心关注点。内部管理是否精细并不重要。

第二阶段是 2008 年之后，中国转向"存量经济时代"，人口红利逐渐消失，城镇化和工业化增速放缓，造成整体市场需求增长趋缓，竞争越发激烈。过去那些不注重内部管理只追求规模的企业，那些为做大规模过度使用金融杠杆的企业，那些仅靠赚取大势红利生存的企业，这时候都遭遇难盈利甚至难生存的危机。特别是 2018 年开始的中美贸易争端导致全球贸易保护盛行，经济全球化遇挫；2020 年的新冠疫情，让中国"存量经济时代"的特征更加凸显——企业的可持续增长面临越来越大的压力。如何调整自身应对新时代的挑战？如何在新时代找到增长与竞争的新的成功逻辑？这是所有企业都需要解答的新课题。

时代给出了答案并做出了倾向性的选择。在"存量经济时代"，越来越多的企业意识到人才的重要性，对人才的渴望也达到了空前的水平，企业家们发现唯有充分利用"人才红利"才能实现企业在新时代的突围，企业在新时代乃至可预见的未来应该倚重的不是金融资本、自然资源、政策支持，而是越来越紧俏、越来越稀缺的各类人才。

个体价值崛起

2014年被称为"中国移动互联网元年",也是从这一年开始,众多企业开始推行"合伙人计划"。从万科推行事业合伙人以来,"合伙人"一时风靡于各行各业,被大大小小的企业所追随。"合伙人计划"的背后,是当下"人"作为一种资本,它与物质资本、金融资本一样,能够平等享受对剩余价值的分配权,不仅如此,它还可以参与企业的经营和决策,这是一种个体价值的崛起!

企业家们发现,在这个时代,"人"靠知识、能力、智慧对企业价值的创造起到了主导甚至决定性的作用,"人"的价值成为衡量企业整体竞争力的标志。"人"与企业之间从单纯的"雇佣关系"变成"合伙关系""合作关系",这也体现了企业家们重视并尊重"人"创造的价值。海尔实行的"公司平台化、员工创客化"的组织变革渐渐让我们看到了未来"不再是企业雇用员工,而是员工雇用企业,人人都是CEO"的雇佣关系的反转。

从以"事"为中心转向以"人"为中心

在人和事之间,传统的管理理论一直认为人处于"从属"地位,我们认为这是由工业时代的管理思维决定的。在工业时代,因为外部环境的变化不大、不确定性不强,对"事"的趋势性预测相对比较准确,外部的机会确实也比较多,人对企业发展的作用相比金融资本、自然资本的重要性确实会低一些,所以大部分企业家在企业管理上仍以"事"为中心。

但是,到了"存量经济时代",外部环境风云莫测,不确定性和不可预测性显著上升。同时,随着个体价值崛起,人才对企业发展的重要性已经显著超过其他资本。我们发现,那些优秀企业也早已在积极践行以"人"为中心的管理战略。谷歌前CEO埃里克·施密特在《重新定义公司》中讲道:"谷歌的战略是没有战略,谷歌相信人才的力量,依赖人才获得的技术洞见去开展新业务,不断地进行创造和突破,用创造力驱动公司的增长。"在国内,华为、腾讯、字节跳动、小米等标杆企业在践行"人才是最高战略"的过程中构筑了足够高的人才势能,它们通过持续精进的人才管理能力,重金投入经营人才,不断强化人才壁垒,获得了越来越大的竞争优势。

很多企业家对我说他们缺兵少将,我们研究发现这是非常普遍的现象,而造成这一现象的根本原因是,"重视人才的企业越来越多,加入人才争夺的企业越来越多,而人才供应的速度跟不上企业对人才需求的增长速度",所以人才缺乏就比较严重。当今的企业在人才争夺上,面临着前所未有的挑战。我们发现那些优秀的企业都在竭尽所能地重视人,不计成本地争夺人,不顾一切地投资人,千方百计地激励人,人才正在向那些重视人和投资人的企业集聚。

所以,在新时代企业要生存、要发展,"以人才为中心"不是"要不要做"的选择题,而是"不得不做"的必答题,否则人才将离你远去。

即使很多企业已经开始转向"以人才为中心",但是很多企业在人力资源管理上的思维仍然停留在工业时代,存在着诸多误区。

➡ 人才管理的三大误区

误区一:不敢给高固定薪酬

纵观当下,采用低固定薪酬策略的企业通常都沦为普通企业或昙花一现的企业,而优秀企业通常采用高固定薪酬策略。从低固定薪酬转向高固定薪酬的障碍就是,中国人力资源管理转型的薪酬鸿沟,如图总序-1所示。

误区二:以考核取代管理

以考核取代管理这个误区的根源是长期对路径依赖,以及由此产生的一系列人力资源管理的做法。这种路径依赖让企业习惯于基于绩效考核结果来发放薪酬,这种薪酬发放方式自然而然地产生了"低固定高浮动"的薪酬结构。

这种路径依赖也让企业产生"雇佣兵"思维,企业不注重培养"子弟兵",

缺人就紧急招聘，做不出业绩就没有奖金或提成，而以这种薪酬模式又极难招到优秀人才（见图总序-2）。久而久之，企业就失去了打造优秀组织的机会和能力，使得企业在当前和未来的新经济形势下举步维艰。

图总序-1　中国人力资源管理转型的薪酬鸿沟

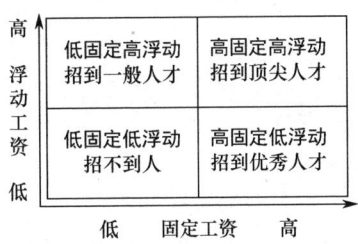

图总序-2　不同薪酬策略吸引不同的人才

误区三：以人才激励代替人才选择

激励的目的是让员工产出高绩效，很多人在研究激励，企业也在变着花样地优化自己的激励体系。然而我极少看到有企业家对自己企业实行的激励机制感到满意，那些对激励机制感到满意的企业往往不是因为激励本身，而是因为企业打造的人才队伍和组织能力。

事实上，员工的绩效在你聘用他的那一刻就已经基本确定了。我经常做一个类比：如果农夫选择了青稞种子，那无论如何精心地耕种和照料，也无法产出杂交水稻的产量。基于长期大量的观察、研究和咨询实践，我发现，企业选择员工就像农夫选择种子，在选择的那一刻也就基本确定了收获。

21世纪第一竞争战略：人才领先战略

人才领先战略是什么

"人才领先战略"是一个完整的管理体系，它包含了企业成为领先企业的成功逻辑，其所要表达的核心思想就是"如果在人才方面优先投入和配置，那企业的发展将会有事半功倍的效果"。

基于长期主义的思维，如果企业能够聚焦于人，将资源优先投入到人才管理上，企业就会获得成倍于同行的发展速度、成倍于同行的利润收益；随着企业规模的扩大，企业家和管理者的工作量不需要成倍增加，他们在工作中会变得更加轻松和从容。我们把"人才领先战略"翻译成英文"Talent Leading Strategy"，这是一个先有中文后有英文的管理学新词，在西方成熟的管理体系中还未出现过。

完整的"人才领先战略"体系包括四大部分，如图总序-3所示。

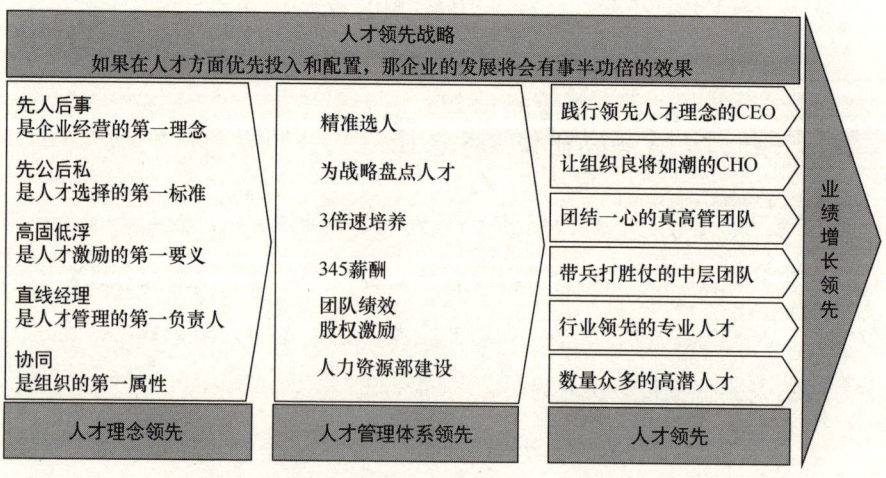

图总序-3 人才领先战略模型（"人才领先战略"体系）

1. 人才理念领先

优秀企业领先于一般企业的关键是，拥有领先的人才理念和足够多的优秀管理人才。

企业家和企业高管需要摒弃陈旧的、过时的、片面的、错误的人才理念，刷新符合时代特征和要求的先进人才理念，用人才领先战略的理念武装自己。

新的时代背景下，我们为中国企业家萃取了领先的人才理念：

- "先人后事"是企业经营的第一理念；
- "先公后私"是人才选择的第一标准；
- "高固低浮"是人才激励的第一要义；
- "直线经理"是人才管理的第一负责人；
- "协同"是组织的第一属性。

2. 人才管理体系领先

为中国企业做大做强，我们帮助企业建立领先的人才管理体系：

- 精准选人；
- 为战略盘点人才；
- 3倍速培养；
- 345薪酬；
- 团队绩效；
- 股权激励；
- 人力资源部建设。

拥有领先的人才管理体系，企业相比同行和竞争对手：

- 在人才选择方面，能吸引、识别并选拔出更多优秀的人才；
- 在人才决策方面，以基于战略的人才盘点作为企业人才决策的主要依据；
- 在人才培养方面，更加精准与快速地培养出企业战略发展需要的人才；
- 在薪酬方面，能以同样的激励成本获取更高的人效；

- 在绩效管理方面，能推行促进团队协作、提高组织协同的团队绩效；
- 在股权激励方面，要慎重使用股权激励，以"小额、高频、永续"的模式让股权激励效果最大化；
- 在人力资源部建设方面，更能够让人力资源部走向台前，成为组织能力建设的核心部门。

3. 人才领先

企业做到以下 6 个方面，就做到了人才领先：

- 践行领先人才理念的 CEO；
- 让组织良将如潮的 CHO；
- 团结一心的真高管团队；
- 带兵打胜仗的中层团队；
- 行业领先的专业人才；
- 数量众多的高潜人才。

4. 业绩增长领先

企业拥有了以上 6 个方面的人才领先就能做到：企业良将如潮！业绩增长领先！

谁能把企业做强做大

未来的中国将经历市场洗牌的过程，在无数次面对企业家讲课时，我明确地说道：

"未来 20 年，企业如果没有进入行业前十就没有生存权，如果没有进入行业前三就没有安全感。没有进入前三、前十的企业都会被淘汰出局。"

在供给过剩的经济环境下，每家企业都在拼命地奔跑，做强做大才能长久生存。那么谁能将企业做强做大呢？

第一，企业做强做大，一定取决于企业的各个部门、事业部、子公司能够做强做大。企业一定不可能出现这种情况，如各个部门、事业部、子公司没有做强做大，结果企业却做强做大。这种情况不符合逻辑。

第二，企业的各个部门、事业部、子公司能够做强做大，一定取决于各个部门、事业部、子公司的负责人都是能把组织做强做大的管理人才。企业一定也不可能出现这种情况，如各个部门、事业部、子公司的负责人不善管理，不具备把自己的部门、事业部、子公司做强做大的能力，结果他负责的部门、事业部、子公司做强做大了。这种情况也不符合逻辑。企业做强做大的逻辑模型如图总序-4所示。

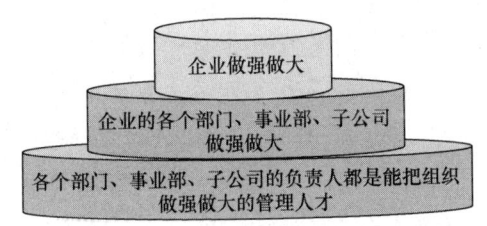

图总序-4　企业做强做大的逻辑模型

第三，能把自己的部门、事业部、子公司做强做大的人是优秀的管理人才，他能不断地从外面招聘并吸引人才加入，他能持续在内部培养出人才，他能激励人才做出贡献，他能把人才团结到一起实现高效协同。

第四，因此，能把企业做强做大的是管理人才，是领导自己的部门、事业部、子公司做强做大的人，是优秀的中层管理人才。

企业家面对人才管理问题时的重心是什么？从哪里入手？我的观点是："擒贼先擒王，招聘先招将；打蛇打七寸，重点在中层。"

因此，企业要做强做大，需要关注的人才是①管理人才；②专业人才；③高潜人才。其中70%的重心应该在中层管理人才上。

能把企业做强做大的关键是拥有数量充足的优秀的中层管理人才。

▷ 为使命而写书

从第一本书《聚焦于人：人力资源领先战略》开始，我们历时数年陆续写了《精准选人：提升企业利润的关键》《股权金字塔：揭示企业股权激励成功的秘诀》《345 薪酬：提升人效跑赢大势》《重构绩效：用团队绩效塑造组织能力》《找对首席人才官：企业家打造组织能力的关键》《人才盘点：盘出人效和利润》《人效冠军：高质量增长的先锋》《人才画像：让招聘准确率倍增》《3 倍速培养：让中层管理团队快速强大》等一系列人才领先战略图书，2023 年我们还会陆续出版《双高企业文化》《校园招聘 2.0》等书籍。我们秉持每一本书的每个理念、方法、工具和案例都聚焦于人，努力向企业家详细介绍如何系统实施"人才领先战略"，为企业家指出事半功倍的企业成功路径。

曾有企业家和朋友问我："你们写这么多书的动力是什么？"我发自内心地回答说："是为了 2040 年的使命！"实际上，我们写书有三个动力。

第一，让勤奋的中国企业少走弯路

多数中国企业的快速发展依赖于勤奋，但疏于效率；中国的企业家很喜欢学习，但有不少学习的课程鱼龙混杂、难辨真伪。近几年，中国的企业家对人力资源管理的关注热情越来越高，然而人力资源书籍要么偏宏观理论，要么偏操作细节，基于企业家视角，上能贯通经营战略的高度、下能讲透落地执行的人力资源书籍十分匮乏。为此，我将我们的书的读者定位于企业家。

我之所以能自信于我和德锐咨询对中国企业对人力资源的需求、痛点、难点的洞察，之所以能自信于我对全球领先企业的成功做法与实践的识别，一方面，源于我在沃尔玛从事人力资源管理的工作经历，让我能够识别国内外优秀企业的共性特征。此外，我们善于整理案例，萃取精华，建立模型，撰写成书，然后向更多的企业推广，让更多的企业能够更方便地学习掌握并运用先进的做法，避免它们经历过多的寻找、试错、再寻找的重复错误和浪费。

另一方面，我们在每年年会上接触上千位企业家，与数百位企业家进行深度交流，我们也特别重视主持和参与企业家私董会的问题研讨，这让我们接触到各种类型的企业、各个发展阶段面临的组织发展和人才管理的各种问题。这确保了我们对问题需求有充分的了解。

我们以最广泛的方式学习、收集《财富》世界 500 强企业的领先做法和中国各行业头部企业的成功实践，也包括我们每年咨询服务的上百家企业，它们大多是各行业、各细分领域的领先企业，虽然有各自需要提升的方面，但也都有自己的优秀做法。我们利用自己快速学习、提炼归纳的优势，总结组织发展和人才管理的各种方法论。

第二，让更多企业用上世界领先的管理方法

在写书的过程中，我反复向研发写书团队强调：不要保密！不要担心同行学会了，就和我们竞争抢业务！不要担心企业家和 HR 负责人读懂了我们的书并且会做了，就不找我们做管理咨询了！我们要对自己的研发有自信，我们不断研究和创新，研究企业遇到的新问题，研究行业中还给不出的解决方案，这是"人无我有"；我们还要对行业中另一种情况进行研究，如有同行在提供咨询服务，但是理念和方法落后，企业的咨询效果不佳，我们研究出比同行更与时俱进、更能解决企业实际问题的解决方案，这是"人有我优"。总有优秀的企业希望建立人才先发优势，用到我们领先的咨询产品；总有优秀的企业能拨开迷雾，识别出我们从根本上解决问题的系统性解决方案。以"不要保密"的开放精神去写书，是要让更多的优秀企业和想成为优秀企业的企业知道，德锐咨询能帮助企业找到更好的方法。

我们写书时秉持的宗旨是，我们的书要做到：让读者在理念上醍醐灌顶，在操作上读了就会。我们坚持：总结西方管理的领先理念、《财富》世界 500 强企业的成功经验、中国头部企业的经典案例、中小企业的最佳实践，萃取背后的成功逻辑，构建普适性模型，将应用方法工具化、表格化、话术化。

第三，让中国人力资源管理领先世界

写书过程中的艰难与痛苦只有写书的人才知道。在我们公司的各种工作中，写书是最艰难的事情。我们过去能坚持下来，未来还将坚持下去，皆因德锐咨询的使命——"2040 年，让中国人力资源管理领先世界"。我们希望，在不久的将来，中国能成为世界最大的经济体，不只是规模上的世界领先，更应该是最强的经济体，应该是人均产值、人均利润的领先。这就需要更多的中国企业成为效率领先的企业，成为管理领先的企业，成为人力资源管理领先的企业。作为专注人力资源管理咨询的德锐咨询，我们决心承担这一使命，呼吁更多的企业家、管理者一起通过长期的努力奋斗，不断提升中国企业的人力资源管理水平，直至实现"让中国人力资源管理领先世界"。

我们的用心收到了很多企业家朋友和读者真诚的反馈：

"这次去美国只带了《精准选人》，深刻领悟了书中的观点。"

"我买了 100 本《聚焦于人》，我把这本书当作春节礼物送给我的企业家朋友。"

"我给我的所有中层都买了《人效冠军》，让他们每个人写读书心得。"

"我们企业家学习小组正在读《重构绩效》，15 个人每周读书打卡。"

"感谢李老师的《股权金字塔》，我们公司正在参考这本书做股权激励方案。"

"谢谢你们无私的奉献，《人才画像》里面写的方法、工具，是我招聘时一直在寻找却没有找到的，你们把这种方法写了出来，很实用！"

"以前我总以为我的一些想法是错的，看了您的书，验证了我的一些成功实践，在人才管理方面有了新的思路。我个人不太喜欢看书，但您的书我特别喜欢！我已经买了您所有的书，已经读完了 9 本，两个月内能全部读完。"

这些反馈让我们感到十分欣慰，它们又成了我们持续为企业家写书的动力。

为此，2019 年我和合伙人团队达成一致，坚定地把持续研究、撰写"人才领先战略"的专业书作为公司一项长期的战略任务。我们已经在"十三五"期间完成了 13 本书的翻译和撰写。2020 年年底，当我们在制定"十四五"规划的时候，也制订了一个宏伟的写书计划："十四五"期间写到 25 本书，"十五五"期间写到 50 本书，到 2030 年我们总计要完成"人才领先战略"系列 88 本书的写作。

决心和勇气

每家企业都想成为优秀企业，但并不是每家企业都有践行优秀企业做法的决心和勇气。在过去的 10 年中，我们向上万人介绍过"人才领先战略"，很多人听到后认为它逻辑合理，但我们发现真正要践行的时候，很多企业又开始犹豫了。

为什么会犹豫？很多企业家说："周围的企业都还在用'低固定高浮动'的薪酬模式，我要冒这个风险吗？我如果用'高固定低浮动'的薪酬模式，给错人怎么办？给了高薪酬，人又离开了怎么办？给了之后，他依然做不出更大的贡献怎么办？企业的人力成本过高，影响经营怎么办？"甚至有的企业家说："如果我给了高固定工资，别人都托关系把人推到我这边，要求安排工作怎么办？"之所以产生诸如此类的担心顾虑，是因为大多数人对变化带来的风险损失进行了过多的考虑和防范，而对于已经蒙受的损失，却有着过高的容忍度。

企业家要跨越鸿沟，需要决心和勇气。

其实，企业家并不缺乏决心和勇气。企业家有买地、建厂房、买设备、并购企业的决心和勇气，但这些都是没有腿、没有脑，自己走不了的：厂房坏了还在那儿待着，设备旧了还在那儿趴着，并购的企业烂了还在手中。

然而，很多企业家缺乏的是招聘、培养、给出高固定工资和让不合适的人离开的决心和勇气，因为人是有腿有脑的，有主观能动性的，当对象会发生变化的时候，我们就会被成功的概率所困扰。因此在人的方面，企业家要用概率思维估量得失，不能只关注损失，更要关注收获。例如，人才培养，我们不能只看培养后走的人，更应该看培养后留下的人，看到那些已经成为栋梁、为企业创造价值的人。如果我们不培养，就很难有收获；如果我们在培养上下了功夫，即使有人走了，我们还收获了留下的人。

企业家对人要有信心，要信任和激发人性中积极的方面，在人的方面要勇于尝试，只有勇于承担用人造成的损失，才能赢得人才争夺战的胜利。

为什么有些企业家缺乏分享的勇气？这是因为他们想当富豪。为什么有些企业家不敢淘汰人？这是因为他们想当"好人"。真正的企业家，应该放弃当富豪、当"好人"的想法。当真正处于企业家角色的时候，放弃这些都是轻而易举的，践行领先人才理念的决心和勇气会油然而生。

今天的"人才领先战略"能否在企业实施落地，关键看企业家面对现在的经济环境有没有决心和勇气。

德锐咨询的"人才领先战略"所介绍的理念、工具和方法，都是卓越企业的做法，并不是大众企业的做法。但这是不是意味着德锐咨询的研究不符合大众企业的利益和需求？

每当我们问企业家："你想让自己的企业成为昙花一现的垂死苟活的企业，还是成为优秀企业，或者卓越企业？"所有企业家都希望自己成为行业领先，成为区域领先、全国领先，甚至世界领先，所有企业家都怀着要打造优秀企业、卓越企业的情怀与梦想。所以德锐咨询为大众企业提供了如何成为优秀企业、卓越企业的领先理念、正确方法、有效工具，这正符合了大众企业的真正需求。但是，能成为优秀企业和卓越企业的企业并不多，原因就在于许多企业缺乏在人上下赌注的勇气，没有投资于人的决心。

德锐咨询将把优秀企业、卓越企业的做法，通过管理咨询的实践验证、分析研究，提炼、总结成书籍、文章，公之于众，帮助更多的中国企业成为区域标杆、行业标杆、全国标杆乃至世界标杆，这就是德锐咨询的责任和使命。

吉姆·柯林斯的新书 *Beyond Entrepreneurship 2.0* 中有这样一句话："没有伟大的人才，再伟大的愿景都是空想。"这是很多企业愿景落空的根本原因，而这和德锐咨询"人才领先战略"系列丛书所想表达和强调的思想是高度一致的。我们希望"人才领先战略"系列丛书的出版，能够真正帮助中国企业家提高人才管理能力，提升在人才上的决心和勇气，成就企业伟大愿景。

是为序。

李祖滨

德锐咨询董事长

第2版序

打赢人才争夺战

《精准选人》自 2018 年 1 月出版以来,受到非常多的企业家、HR 负责人、管理者的欢迎。大家的反馈是这本书犹如一股清流,让行走在选人沙漠中的 HR 负责人和管理者看到了希望。首先在理念上,颠覆了过往只凭经验学历等来选人的认知,认识到关注候选人冰山下素质的重要性;其次在方法上,掌握了用六道关来精准识别候选人的冰山下素质;最后在体系上,建立了企业从人才吸引到试用期结束整个过程的流程、制度。我们深深感受到企业在选人上的变化,更加坚定人才选择是企业人才战略的重中之重。因此,随后的几年,德锐咨询又接连出版了《找对首席人才官》《人才画像》《校园招聘》《测评识人》等在选人方面的专业书籍,为企业在选人方面提供了坚实的理论基础、落地的工具方法、大量的实践案例。

这 5 年来,德锐咨询深度服务了几百家企业,在精准选人方面的研究与实践更为深入和广泛,为了帮助更多的企业解决人才选择上的困惑,我们认为是时候将《精准选人》中的内容更新迭代了,也是时候将我们这么多年的研究成果再次和盘托出了,使企业真正实现人才战略的领先。

重心转向人才选择

我们发现,很多企业每年都要花几个月的时间来研究财务预算,但几乎没有花费任何时间来研究人才管理;很多企业会让每位管理者对部门的预算负责,但却没有人对人才储备负责。难道不是我们各部门的人才创造了绩效吗?

难道不是我们的人才在执行预算吗？没有优秀的人才，想要取得高绩效是非常困难的一件事。

在《精准选人》第 1 版的序中，我们详细阐述了企业想要解决人的问题，必须有从被动到主动、从招人到找人、从守株待兔到主动出击的转变。几年来，每次在论坛中与企业家沟通交流时，以及每次给企业做管理诊断时，我们都感到人才选择依然是企业在发展过程中面临的最大挑战。

我们访谈了上千家企业，依然发现：

企业面临的共同痛点是人才跟不上业务的增长。

企业发展的高效方式是重心转向人才选择。

重心转向人才选择，是市场拉动的外延式增长向效益驱动的内涵式增长转变的企业核心举措。可以说，30 年前企业的成功更多依赖于抓住市场机会，而现在企业的成功更多取决于拥有优秀人才。

重心转向人才选择，是企业打造自身竞争力的捷径。未来用人成本越来越高、人的重要性越来越高，企业之间的竞争最后都归结于优秀人才的争夺。

重心转向人才选择，是对内实施年度周期性的人才盘点和优胜劣汰，对外将精准选人作为持续运行的日常性、战略性工作，培养企业精准选人能力，打造持续的人才供应链，让企业走出"紧急招聘"的漩涡。

重心转向人才选择，是许多企业高速发展之前和高速发展期内部管理最明显的特征。美国的微软、谷歌、苹果，中国的华为、龙湖、小米，这些企业的高速发展都得益于人才选择的领先。

重心转向人才选择，是说起来都知道但实际上不是真知道，或者是知道了也做不到，更多的是不知道怎么做到。现实中大多数企业不知道通过人才盘点厘清企业内部哪些人在创造价值、哪些人在消耗利润；现实中大多数企业知道要及时淘汰不合适的员工，但真正又做不到；现实中大多数企业确实不知道如何提高精准选人的能力。

重心转向人才选择，是德锐咨询对企业人力资源管理重心和企业经营重心发展趋势的大胆判断和预见，是德锐咨询的伙伴们在人力资源领域长期用心耕耘积累而做出的"春江水暖鸭先知"的行业敏感分析预测。我们坚信这个预测不会错。

躲不过的人才争夺战

大多数企业家在谈到企业管理的痛中之痛时，都不约而同地提到"无人可选"和"选人不准"这两大难题。尽管每年的大学毕业生在增多、一些企业因为经营困难在减员，但有需求的企业依然招不到人，更精准地说是招不到合适的人，一边是找工作的人找不到合适的工作，另一边是招人的企业招不到合适的人，究竟是哪个环节出问题了呢？

我们发现，其实无人可选的真正原因是：

（1）越来越多的企业开始重视人才，加入了人才争夺战中；

（2）人才的供给速度跟不上企业对人才需求的增长。

随着社会经济的发展趋势逐步从增量转向存量，越来越多的企业发现人才才是企业持续发展的根本，对人才的重视程度达到前所未有的高度。这就如你会选择最佳球员去参加世界杯比赛，你会选择最有才华的厨师来准备一桌美味佳肴，因为即使用普通的食材他们也能制作出令人惊叹的美食。拥有优秀人才已成为企业间竞争优势的关键因素，能更好地吸引、激励和保留人才的企业，会比一般的企业获得更多的关键而稀缺的资源，从而极大地提高业绩。

由此可见，人才已然成为企业争夺的首要资源，人才的争夺程度甚至超越了设备、厂房、技术和专利等的争夺程度。

这是一场躲不过去的人才争夺战。

在这场人才争夺战中，我们是进攻还是防守呢？

显而易见，优秀人才是所有企业争夺和保护的对象，他们是不会主动"投怀送抱"的，防守不仅无法获取你想要的人才，还有可能失去你现有的人才。只有进攻，才有可能选到合适的人才。

三大能力助你打赢人才争夺战

本书将从人才吸引能力、人才定义能力、人才识别能力三方面进行详细阐述，帮助企业家、管理者、HR 负责人提高在人才选择方面的这三大能力（见图第 2 版序-1），打赢这场人才争夺战。

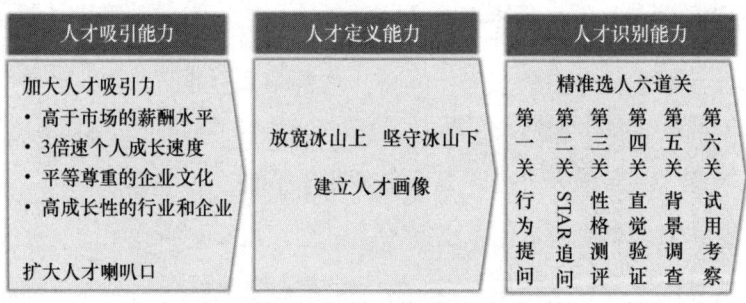

图第 2 版序-1　人才选择三大能力

人才吸引能力

"任何一家公司所需要的人才数量，都不会超过市场能提供的并且适合该公司要求的人才数量的千分之一，关键是你能不能把他们吸引到你的公司？"

其实，人才招聘的本质和产品销售是异曲同工的。产品销售是把产品销售给客户，客户用真金白银采购产品；而人才招聘是把岗位"销售"给候选人，候选人加入企业，用自己的能力和时间来"购买"岗位。

如何吸引人才来购买你的岗位呢？为了吸引优秀人才，有的企业靠规模和品牌优势，有的提供了高于同行的薪酬水平，有的配套了五花八门的福利，还有的企业用分红甚至股权。"梧高凤必至，花香蝶自来"，我们发现"梧桐树"和"花香"就是有竞争力的薪酬。这里所说的薪酬是指高于市场水平的固定薪酬，这也是吸引人才的第一要素。再有就是打造 3 倍速的培养体系，建立平等尊重的企业文化，以及打造企业的高成长性和未来的可持续发展前景，这 4 点是候选人在求职时最看重的四大要素。

"酒香也怕巷子深"，有了吸引人才的法器，还需要传递给候选人。我们需要像宣传产品一样宣传招聘，要将招聘渠道拓宽 10 倍，要加大专职招聘人员的比例，要增加企业管理者在招聘工作上的投入，要像考核销售指标一样考核招聘指标。做到这些，你会发现，不经意间，可供选择的候选人简历量已从寥寥无几到 3 倍、5 倍甚至 10 倍地增加。

人才定义能力

在过往的咨询案例中，有相当一部分企业在招聘时没有岗位人才画像，完全凭个人感知和经验来判断，常会有 HR 给我们反馈："HR 和直线经理面试过都觉得合适，但分管副总认为不行；或者分管副总也觉得可以，但总经理认为不行。理由五花八门，多是凭个人喜好和兴趣。"这样的场景会让我们错失一些优秀人才，也会错信一些不合适的人。

不会定义就没有标准，没有标准就无法精准识别，就会招错人，招错人就可能给企业带来损失，少则几百万元，多则几千万元甚至上亿元，所以精准选人是建立在精准画像基础之上的。

也有企业说，他们是按岗位说明书的要求来招人的，是有统一标准的。岗位说明书更多是在描述这个岗位需要做什么，却忽略了什么样的人能在这个岗位上带来高绩效。我们之所以设置这个岗位，为这个岗位招人，目的是让岗位上的人创造高绩效，带来高价值。

是专业、学历、经验、知识能创造高绩效，还是能力、特质、动机、价值观更能带来高绩效呢?非常多的企业在招聘时,给出的要求几乎都是前者,甚至将性别、年龄、身高、婚否、属相、星座等都给出明确的标准,这些对其绩效影响是不大的,我们称之为冰山上的素质。这部分条件每多一条,候选人简历量至少会少一半,很多有潜力的人才被拒之门外。想要改变无人可选的状态,最重要的一点就是放宽冰山上。

而能力、特质、动机、价值观等,才是决定候选人是否能在岗位上做出高绩效的决定性因素,是需要重点关注和坚守的。因此我们在定义人才标准时,需要提炼出哪些素质项决定了岗位的绩效,影响最大的4~5项关键素质就是这个岗位的画像。对于这几项关键素质,在考核候选人时,需要强调的是缺一不可,而不是取长补短。

在《人才画像》这本书中,我们奉献了十大高管、十大岗位,以及十大行业关键岗位的人才画像,而本书又新增五大行业关键岗位的人才画像供读者参考,并且此次还进行了升级,增加了岗位使命。

人才识别能力

企业收到了简历,解决了无人可选的问题,人才画像确定了选人标准,那么如何解决选人不准的困惑呢?精准选人六道关从行为提问、STAR追问、性格测评、直觉验证、背景调查和试用考察来提升每一位面试官的面试技巧,更精准识别出合适的人才。对比第1版《精准选人》,第2版不仅在行为提问公式上有了更精细化的分解,而且在面试官认证上有了更长足的实践和研究成果。我们有个非常形象的比喻,任何一位面试官都应该持证上岗,正如司机需要持驾照才能开车上路。一位没有考到驾照的司机,你是不会去坐他驾驶的车的。同样,一位没有通过金牌面试官认证的面试官,他面试的员工你也不敢委以重任。

第一关：行为提问

一个人过去成功的行为是预测他未来是否能够成功的最好依据，因此我们在考察候选人的素质项时，需要基于候选人过去的行为用开放性问题来进行提问，用以下四要素来设计基于素质项的行为提问的问题。

行为提问公式="你"+最需场景+期望结果+事例

第二关：STAR 追问

过去关键行为的描述有助于我们准确判定候选人的素质，但因为候选人存在紧张、掩饰、虚假陈述、片面、没深度等问题，面试官要掌握 STAR 的追问技巧，从 Situation（情境）、Task（任务/角色）、Action（行动）、Result（结果）4 个维度，深度挖掘候选人的真实行为信息，才能准确判断候选人的素质能力。

第三关：性格测评

多数情况下，面试官借用行为提问和 STAR 追问，既可对候选人做出相对精准的判断，也会存在一定的不确定性，此时可以借用性格测评结果来佐证面试官的判断，进一步提高面试的精准度。与面试官的个人判断不同，性格测评是候选人的一种自评，结果体现的是候选人的自我认知。性格测评结果，既不能一概否定，也不可全盘接受，而是要让测评结果为面试官所用。

第四关：直觉验证

面试官通过对 10 个问题的快问快答，判断出候选人的适配度。直觉验证可以帮助面试官更全面、准确地评估候选人的能力和适应性，提高面试的效率和准确性。同时，直觉验证也需要注意避免主观偏见和歧视，保证评估的公正性和客观性。

第五关：背景调查

背景调查是候选人进入企业的最后一道关口，也是最重要的一道关口。如果错选了候选人，待其入职后，会给企业造成的损失少则几百万元，多则几千万元甚至上亿元。

为最大限度地减少候选人与面试官的过度自信，背景调查就显得格外重要。虽然背景调查是一件非常耗时耗力的事情，但一旦企业坚持做，并掌握专业的背景调查技巧，就可高效构建入职前的最后防火墙，减少选人风险。

第六关：试用考察

在精准选人的第一关到第五关中，用人单位和候选人面对面接触的时间最多 3~4 小时，而在最后一关，即试用考察阶段，有 3~6 个月，且每天 8 小时。在这段时间里，直线上级、HR 及同事和候选人接触的时间比较长，可以更近距离、更深入地考量候选人，判断其是否适合这个岗位。因此，第六关尤其重要，如果忽视了，不小心让不合适的人通过了试用期，那么招错人的损失会更大。

因此，要像质量检测一样，严格对待候选人在试用期内的人才发展的每道关，直到全部通关为止。

人才识别能力是每位企业家、管理者、HR 都应该掌握的技能，只有这样，才能解决识人不准的困惑，才能降低因招错人带来的损失，才能提升企业的利润。

真诚感谢

对比第 1 版，第 2 版的内容更加聚焦、方法更加落地、案例更加丰富、语言更加精练。这是团队共同努力的成果。

感谢参与写作的公司合伙人陈媛、赵芳华、李永祥，感谢项目经理党梦雅和咨询顾问曹旭薇。我们始终保持严谨认真、热情高昂的态度，对全书的全局和细节共同斟酌、讨论与推敲，彼此帮助，互相鼓劲，在时间紧、任务重的情况下，从不露怯，迎难而上，让本书能够顺利和大家见面。我们团队的全体成员都愿意为企业家、客户、我们的组织带来更多的价值，这是一种毋庸置疑的使命感和责任感。

感谢一直默默支持我们并和我们一起成长的客户。"真诚、专业、高效、共赢"的价值观，我们一直铭记于心，也一直鞭策着我们，要时刻追求和客户的共同成长、持续共赢。所有客户对我们的高标准、严要求，促使我们对内自省、对外开拓。书中引用了德锐咨询的很多客户案例，所有客户均使用了化名，感谢他们对德锐咨询的支持和信任。

感谢热衷于《精准选人》第1版的读者，相信第2版会带给你们更广阔的思维空间和更易落地的工具方法，帮助你们更加精准地识别人才。

未来的我们，还会在人才选择的方向上继续探索，撰写《金牌面试官》《精准提问》《深度追问》等书籍，持续分享我们在人才选择上的心得与经验，也为实现"让中国的人力资源管理领先世界"加油助力。

李祖滨

德锐咨询董事长

目录

第1章 选人决定利润 ································· 1
真正断裂的是人才供应链 ····························· 1
招错人的损失触目惊心 ······························· 4
先人后事，选人在先 ································· 10
关键发现 ··· 13

第2章 谁为选人负责 ································· 14
企业家是首席面试官 ································· 16
直线经理是选人的第一负责人 ························· 23
HR让企业具备选人的能力 ···························· 26
关键发现 ··· 36

第3章 薪酬高固定，加大吸引力 ······················· 37
吸引人才的关键卖点 ································· 37
薪酬固浮比决定人才段位 ····························· 44
低固定低浮动招不到人才 ····························· 45
高固定高浮动招到顶尖人才 ··························· 51
关键发现 ··· 53

第4章 扩大喇叭口，增加简历量 ······················· 55
为什么简历太少、无人可选 ··························· 55
招聘人员增加3倍 ··································· 58
像宣传产品一样宣传招聘 ····························· 60
招聘渠道扩大10倍 ·································· 66

关键发现 75

第5章　构建精准人才画像 77
　　招聘工作，画像在先 77
　　放宽冰山上 80
　　坚守冰山下 84
　　人才画像的共创共识法 90
　　五大行业人才画像卡 93
　　关键发现 108

第6章　精准选人六道关 109
　　第一关：行为提问 113
　　第二关：STAR 追问 117
　　第三关：性格测评 124
　　第四关：直觉验证 131
　　第五关：背景调查 133
　　第六关：试用考察 141
　　面试官认证 147
　　关键发现 152

第7章　请不合适的人离开 153
　　造成企业冗员的四大因素 153
　　不合适的人留在企业的危害 156
　　精准找出不合适的人 159
　　刀要快，心要善 161
　　关键发现 163

第8章　精准选人成功案例 164

参考文献 174

第1章 选人决定利润

> 正确的人才决策是决定组织绩效的关键因素。
>
> ——布莱恩·贝克尔《人才保卫战》

➡ 真正断裂的是人才供应链

顺驰地产人才链断裂导致资金链断裂

2004年,顺驰地产(以下简称顺驰)掀起了新一轮的规模扩张之路,在一年的时间内,顺驰进驻全国16个城市,新增建筑面积近1450万平方米。在一年之内,顺驰从一个地方性公司变成一个全国性公司。2004年是顺驰飞速发展的一年,也是大量顺驰"老人"飞速离开的一年。顺驰大量快速地招聘新人,员工从几百人发展为8000人,而且招聘的新人不仅有基层人员,还有很多中层和高层管理者。大量进入的新人不断稀释企业文化,企业的培养机制也无法短时间内支撑这么大规模人员的成长诉求,所以大量管理人员只能仓促上岗。在顺驰,二十多岁就当上集团副总裁、总裁助理、分公司总经理、副总经理的比比皆是。据统计,顺驰的员工平均年龄只有二十六七岁,事实上他们难以承担规模扩张之重任。为了赶进度,不让自己的薪酬被扣,这些年轻的员工总会想出对策。公开的消息说,顺驰天津的太阳城仅装修房就出现了门窗变形、地板裂缝等大问题;很多员工假公济私地将工程包

> 给了自己的私人公司。一位南京的顺驰原高管透露，南京项目在售时，出现了销售价格低于成本的情况。大量的腐败、低效率、工程质量不达标等问题导致顺驰拿地节奏出现问题，项目回款迟迟不能达到预期。2006年，顺驰由于资金链断裂被路劲基建收购了55%的股权。

顺驰在快速扩张过程中的人才供应的速度没有跟上企业发展的速度。虽然决定顺驰资金链断裂的因素有很多，但不难发现人才供应链的断裂是最为关键的因素。

地产行业的标杆企业——万科的发展路径显示，万科极其重视人才供应链的建设，稳健的人才供应链支持了其持续的快速扩张，这也是万科一直能够引领行业发展的重要秘诀。

对于一般企业（发展速度每年增长70%以上的企业除外）的人才供应链模式，企业不注重内部人才供应链和人才培养体系的打造，各层级人员需求主要依赖社会招聘。由于人员流动性问题，很多企业基层员工一般100%来源于社会招聘，中层人员70%来自社会招聘；只有30%的基层人员可能有机会晋升到中层岗位，而在高管来源中，中层人员晋升到高层的人员只有10%；90%的高管依靠猎头或其他渠道招聘获得。这是很多企业人才供应的现状，它们没有从长远的角度思考最优的人才供给，只在人才出现空缺的时候再去招聘。殊不知，这是最不经济的做法，这种不合理的人才供应链模式，常常使企业处于被动的发展境地，错失发展时机。

相反，优秀企业的人才供应链一直处于稳健状态。其特点是，从基层岗位起就开始储备高潜力人才，而且60%来源于校园优秀应届生，40%是社会招聘的高潜力人才，从而夯实基层员工的发展基底。同时，优秀企业注重通过对基层员工的工作历练，选择值得培养的员工进行培养和提升，70%的员工可以被提拔为中层人员，另30%选择从外部引进新鲜血液。通过对中层人员持续的培养，实现企业 90%的高管从内部选拔，10%从外部招聘。一般企业和优秀企业的人才供应渠道如图 1-1 所示。

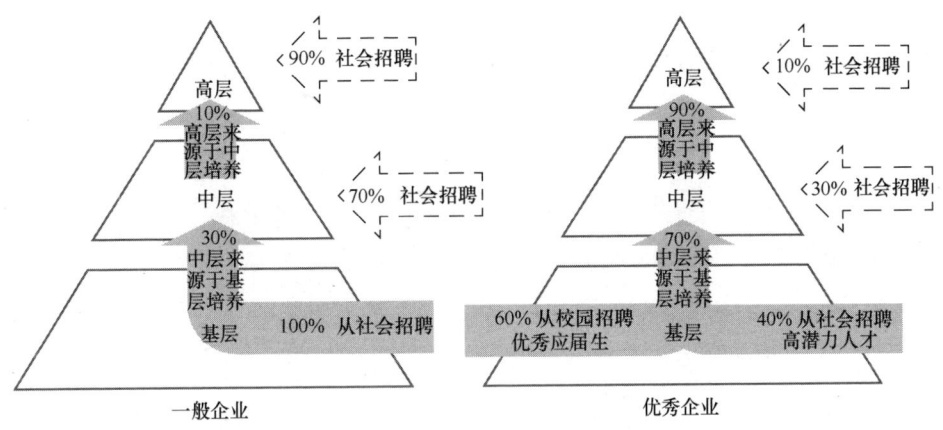

图 1-1　一般企业和优秀企业的人才供应渠道

相比一般企业，优秀企业的人才供应链秉持"先人后事"的原则，从一开始就选择优秀人才，过程中实施人才盘点，明确内部人才状况，并结合企业的发展战略明确未来人才需求。基于此，通过灵活采用人才招聘（外供）、人才培养（内供）和人才激励等方式为企业输送优质人才，动态构筑稳健的人才供应链来支撑企业的发展。

遗憾的是，大部分企业还不知道什么是合理的人才供应链，很多企业的人才供应链处于不健康状态，常常出现"管理者无人可用""猎头不能快速找到人才""排长当连长用""外聘高管存活率低"等现象。调查显示，企业中高层人员胜任的比例不足 60%，80%的企业在中高层岗位出现空缺时都无法得到及时有效的人才补给。

如果说资金链对企业发展至关重要，影响企业的运作，那么人才供应链则决定着企业资金链是否健康安全，决定着企业的资金链是否能够真正发挥其应有的价值。资金链帮助企业实现短期目标，人才供应链才是企业长期可持续发展的保障。很多企业的失败会直接体现在资金链的断裂上，但追根溯源是由人才供应链的断裂引起的。对于企业来说，从一开始就注重人才供应链的打造，这样才能为资金链的有序运作打下坚实的基础。

招错人的损失触目惊心

在很多培训现场或客户现场，我们常常会询问以下两个问题。

问题一，在你的企业，

A. 相比于招到合适的人才，市场开拓和产品销售更难

B. 相比于市场开拓和产品销售，招到合适的人更难

问题二，在你的企业，管理者

A. 投入在招聘上的时间和精力 ＞ 投入在业务上的时间和精力的20%

B. 投入在招聘上的时间和精力 ＜ 投入在业务上的时间和精力的20%

针对第一个问题，99.9%的人都会选择 B；而针对第二个问题，超过 90%的人也会选择 B。为什么认为招到合适的人这么难的事儿，却没投入时间和精力去关注呢？是因为觉得难，即使投入大量时间和精力也不易产生业绩，还是仅在意识上认为重要，但在行动上又倾向于更能直观展现出业绩的业务上了呢？

很多企业家在实际工作中往往会在并购、战略转型、品牌更新、营销目标达成等事情上花足够的时间和精力，他们认为这些对企业来说是战略性的工作，如果没有业务，企业生存将会是个问题。这样看，业务很重要，关系到企业的生死存亡。但实际上，如果忽视人才招聘，则导致高管及核心团队缺乏得力干将，招聘到不合适的高管，或事事需要企业家亲力亲为，使企业陷入被动的局面，战略目标又怎能实现？他们更没想过也没计算过招错一位员工，会给企业造成的损失或带来的伤害有多大。正如费洛迪说过，"大多数企业用 2%的精力招聘，却用 75%的精力来应对当初错误招聘的失误"。

很多企业家对于招错人的损失仍然停留在最直观的薪资损失上，其实薪资的损失只是其中一种，甚至是最少的一种。选错人的真正损失包含直接损失、间接损失和机会损失，如图1-2 所示。

直接损失	招聘损失（如广告费、猎头费等）、工资、社保、公积金、福利、培训、补偿金
间接损失	投入损失、效率损失、产品质量、订单交付、客户损失等
机会损失	把业绩差的替换成明星员工的机会（在美国，有人研究发现，最优秀员工创造的经济价值是最差员工创造的经济价值的4～127倍）

图1-2　选错人的真正损失

➢ 直接损失是指投入在这位员工身上的最直观的费用支出，包含招聘损失（如广告费、猎头费等）、支付的工资、缴纳的社保和公积金、发放的各项福利、支付的培训费用等。

➢ 间接损失是指投入损失、效率损失和客户损失等。

• 投入损失是指企业在错误的人身上投入的无效且没有机会收回的损失，包括招聘时间损失、培训时间损失、管理损失、无效沟通损失及重新投入招聘的损失等。

• 效率损失是指由于人员不胜任岗位，导致工作效率低下，影响订单交付，给客户带来的损失。一个低于平均绩效水平的人员足以拉低整个部门的绩效水平，降低整个企业的效率。相比于直接损失和投入损失，效率损失更令人触目惊心。互随的首席执行官莱恩·霍尔姆斯称："一个低于标准的员工可使整个部门陷入混乱。团队成员最终也不会将自己的时间投入在培训那些在企业没有未来的人身上。"

• 客户损失是指不合适的人往往将个人利益放在首位，不惜牺牲团队甚至组织的利益，最终会影响服务客户的质量，进而会使企业流失老客户，增加新客户开发的难度，严重者影响企业品牌的建设，丧失企业竞争力。这样的客户损失对企业来说是致命的。

➢ 机会损失是指在岗位上由于用了不合适的绩效差的员工，而失去使用一位合适的或明星员工所带来的效益。美国人力资源协会曾做过一项研究，一位优秀员工带来的效益是普通员工的4～127倍。

我们来看几个实际的案例。

1. 招错一位软件开发项目经理的损失

宏泰是一家给医疗系统做软件开发的公司，2022 年刚上一个新项目，项目目标是要给一家医疗机构上线 3 套系统。因项目经理的不合适，整体项目上线的时间延期了半年，最终导致整个系统上线失败。

直接损失：项目经理年薪+社保公积福利，共计 100 万元。

间接损失：项目团队的 500 万~600 万元的薪酬全部打水漂。造成的项目损失高达千万元。合计损失 1600 万元。

机会损失：如果招来的是优秀的软件开发项目经理，则本来两年的工作量可能一年就做完了，而且会带来更好的效益，相应的机会效益可能是原先团队的至少 2 倍，就是 2000 万元。

100+1600+2000=3700（万元）

粗略一算，一位不合格的项目经理一年给公司造成的损失高达 3700 万元（见表 1-1），这还不包含整个项目对客户满意度、企业文化、团队士气等造成的隐性损失。

表 1-1 招错一位软件开发项目经理的损失

项　　目	金额（万元）
直接损失 = 70 + 15 + 5 + 10 = 100	
工资	5 × 14 = 70
公积金、社保	15
福利	5
年终红包	10
间接损失 = 600 + 1000 = 1600	
项目团队薪酬	600
项目损失	1000
机会损失	2000
总计（一年）	3700

2．招错一位业务总监的损失

明光是一家产研销一体化的饰品公司，两年前在省会开设事业部。为了加快业务的拓展，用 2 万元月薪招募一位业务总监。谁知两年下来，不仅业务没有拓展，原来一些长期连接的客户还丢失了。忍无可忍之下，公司和这位业务总监协商解除劳动合同，公司支付了离职及竞业限制的补偿，共计 15 万元。

直接损失：工资 + 五险一金 + 福利 = 34.75（万元）。

离职补偿：15 万元。

间接损失：由于这位业务总监的效率低下、客户流失、订单损失一共造成的损失有 86 万元。

机会损失：按其最基本月薪来计算，合适的人对比不合适的人，产生的效益至少是 4 倍，就是 24 × 4 = 96（万元）。

招错一位业务总监的损失（见表 1-2）：34.75 + 15 + 86 + 96 = 231.75（万元）

表 1-2　招错一位业务总监的损失

项　目	金额（万元）
直接损失 = 12 × (2 + 0.656 + 0.24) + 15 = 49.75	
招聘损失（一次性）	
工资	2/月
五险一金	0.656/月
福利	0.24/月
培训	0/月
离职补偿（一次性）	15
间接损失 = 36 + 30 + 20 = 86	
效率	36
产品质量	0
客户损失	30
订单交付损失	20
机会损失	96
总计（一年）	231.75

这个损失还只是一年的，如果按两年来计，损失还要多，达 400 万元之多。这家公司一年的利润只有 500 万元左右，一半都给这位总监消耗了。

3. 招错一位采购经理的损失

振兴公司是一家生产型化工企业，模式是根据订单安排生产的，所以对采购的要求比较高。

刘文是 2022 年年初加入公司的采购经理，一年多来，无论是专业还是沟通协调上都存在很多问题，如屡次因原材料没有按时到位，导致生产部门因赶时间而使产品质量有所下降，还有几次甚至延迟交期，客户非常不满，赔偿违约金达 50 万元。其他部门也多次反馈，与刘文的沟通很费劲，无形中加大了沟通成本。为此，公司决定与其解除劳动合同。

直接损失：0.5 + (1.0 + 0.4 + 0.1) × 12 = 18.5（万元）。

离职补偿：2 万元。

间接损失：20 + 2 + 50 = 72（万元）。

机会损失：按最低 4 倍来计，近 100 万元。

招错一位采购经理的损失（见表 1-3）：18.5 + 2 + 72 + 100 = 192.5（万元）。

表 1-3　招错一位采购经理的损失

项　　目	金额（万元）
直接损失 = 0.5 + 12 × (1.0 + 0.4 + 0.1) + 2.0 = 20.5	
招聘损失（一次性）	0.5
工资	1/月
五险一金	0.4/月
福利	0.1/月
培训	0
离职补偿（一次性）	2

(续表)

项　目	金额（万元）
间接损失 = 20 + 2 + 50 = 72	
效率	20
产品质量	2
客户损失	50
订单交付损失	0
机会损失	100
总计（一年）	192.5

这 3 个只是我们在众多客户现场和培训现场非常普通的案例，是冰山一角，还有一些高达千万元甚至上亿元的损失，令现场的老师和学员都瞠目结舌，但确实是真实的案例。每次的计算都是让 HR 负责人及老板不寒而栗和难以想象，感慨地说："真是不算不知道，一算吓一跳，招错人的损失让人触目惊心呀。"对于这些案例我们只是对直接损失、间接损失和机会损失进行的模拟测算，而事实上，不合格的业务经理、采购经理、项目经理对企业文化的稀释和老员工归属感的影响难以用金钱衡量。因此，对于企业来说，发现并将合适的人放在合适的位置上是企业提升效率、节省人力成本、创造利润的关键。

彼得·德鲁克曾说："经理人在晋升和人员配置方面的决策能力较差，他们的平均成功率不超过 30%。在其他领域，我们绝不可能接受这么大的失败率。"按照德鲁克的说法，企业人才决策的正确率只有 1/3，那意味着平均每 3 个岗位中只有一人胜任当前岗位，另两人无法发挥其应有的价值。照此推算，对这部分人付出的人力成本并未产生预期价值，意味着直接人力成本中约有 2/3 属于无效成本。企业一方面追求精细管理、流程优化以期降低管理成本，另一方面又忽视明显的成本，对不合适的人产生的隐性成本熟视无睹。

在一次面对 300 位企业高管的关于"如果你从头开始打造企业，现有员工中，你再次雇佣的比例占多少？"的问题调查，综合答案是"大约 50%"。杰克·韦尔奇在《赢》中也曾写道："我用了 30 年的时间才把人才识别率从 50%提高到 80%。"管理大师尚且不能保证人才决策百分之百正确，我们不难推断，每家企业或多或少都会存在人才决策错误的情况。

德锐咨询认为只有合适的人才能为企业创造利润，企业的利润应该在选人阶段就开始加强把控，提高选人精度，提高新入职人员与企业的匹配度。从短期来看可以大大降低人力成本，提升企业利润；从长远来看，合适的人创造的价值更是不可小觑。

先人后事，选人在先

我们常常遇到企业家希望我们设计一套有效的激励方案，认为用激励就可以让躺平的人卷起来。殊不知，员工绩效的高低在你选择他的那一刻就决定了。激励对绩效产生的影响只占 10%，培养对绩效产生的影响也只占 20%，而人才选择的影响却达到 70%。微软首席技术总监内森·梅耶·沃德曾说："顶级软件开发人员比一般软件开发人员的生产力不是高出 10 倍或 100 倍，而是高出 1000 倍甚至 10000 倍。"平庸者和明星员工的绩效差距在人才选择的时候就已经决定了。这些优秀人员贡献了远超于岗位平均水平的绩效，"二八定律"也揭示了企业 20%的优秀员工贡献了 80%的利润。

大量事实证明，人才是企业发展过程中最应优先考虑的要素，前面的诸多招错人带来的损失的案例足以说明这一点，人选错了，带给企业的损失是巨大的。因此，企业应该把人才选择当成企业战略性的工作，将"先人后事"真正落实在企业管理中，企业的发展才能达到事半功倍的效果。

选人如此重要，企业如何做到精准选人呢？在我们的咨询服务过程中，很多企业都反馈说选人太难了，选到合适的人更难，而要做到精准选人，是难上加难。而在这几个递进层级的"难"字中，最难的问题又主要集中在无人可选和选人不准这两个方面。

为什么会无人可选呢？真正的原因是：

（1）越来越多的企业开始重视人才，加入了人才争夺战中。

（2）人才的供给速度跟不上企业对人才需求的增长。

这是一场躲不过去的人才争夺战，想要打赢这场争夺战，必须从防守转向进攻，从台后走到台前。细数那些熟知的优秀企业，它们早已加入抢人大战中，它们把抢人的时间已经提前到了大二、大三，通过俱乐部、实习等形式提前锁定优秀的苗子，并花费大量的时间在全球挑选优秀人才，为企业打造持续竞争优势。

所以想要有人可选，就需要扩大喇叭口，加强吸引力。具体内容将在第 3 章和第 4 章做详尽的阐述。

为什么会选人不准呢？

当我们问企业"你们岗位招聘的要求是什么"时，他们拿出的是岗位说明书、岗位职责。岗位说明书是针对岗位的要求，是要告诉候选人在未来这个岗位你需要做什么。而招聘是要选择什么样的人在这个岗位上可以产出高业绩，这是两个不同的方向。另外，每位面试官对于选择什么样的人不清楚，只知道这个来了后要做什么，于是凭借自己的经验来判断候选人是否可以胜任岗位，没有统一的标准，常常出现"你看挺好、他看不行"的现象。

要做到选人精准，一定要有岗位人才画像，也是我们在选人过程中遵循的标准，这就相当于你想找个人，会贴出他的照片，或者拿着照片去询问一样。人才画像和照片不同的地方是，它是分为冰山上和冰山下两部分，冰山上是指一个人的经验、学历、专业、技能等可以直观看到的部分，而冰山下是指一个人的个性特质、态度、动机、价值观等看不到的部分。选择一个合适的人，不仅要看冰山上的匹配度，更要关注冰山下的匹配度，有了标准的人才画像，才能确保选人的精准度。例如，客服代表人才画像如表1-4所示。

表1-4　客服代表人才画像

岗　位	客服代表
冰山上	大专以上
	28周岁以下
冰山下	诚信正直
	沟通影响
	责任担当
	精准高效
	团队协作

　　扩大喇叭口，有了简历量，放下岗位说明书，有了人才画像，那么怎么判断候选人与人才画像是匹配的呢？冰山上容易判断，冰山下如何精准识别呢？

　　一个人过去成功的行为是预测其未来能否成功的最好依据！因此行为面试法可以帮助我们识别出候选人的冰山下素质，面试过程中，我们需要用更多候选人过去的行为来进行判断。

　　用基于素质项的行为提问，问出冰山下；

　　用STAR的深度追问，挖掘冰山下；

　　用大五人格的性格测评，佐证冰山下；

　　用快问快答的十道题目，验证冰山下；

　　用360度的背景调查，确认冰山下；

　　用人才质量检测四步骤，判断冰山下。

　　以上这六道关，在后面的章节将会有详细的阐述。

　　本书以下章节将围绕以上提到的无人可选、选人不准两大难题从人才吸引、人才定义和人才识别三大能力进行系统论述。针对无人可选的难题，我们从加大吸引力、扩大喇叭口来解决；针对选人不准，我们从定义人才标准和提高人才识别能力两方面来解决。定义人才标准体现为构建精准的人才画像，提高人才识别能力体现为通过掌握精准选人六道关大幅提高人才识别的精准度。

▶ 关键发现

- 优秀企业都有稳健的人才供应链。基层 60%来源于校园优秀应届生，40%是社会招聘的高潜力人才；中层 70%来源于内部培养，30%从外部引进新鲜血液；高层 90%从内部选拔，10%从外部招聘。
- 资金链帮助企业实现短期目标，人才供应链才是企业长期可持续发展的保障。很多企业的失败会直接体现在资金链的断裂上，但追根溯源是由人才供应链的断裂引起的。
- 大多数企业用 2%的精力招聘，却用 75%的精力来应对当初错误招聘的失误。
- 招错人的损失包括直接损失、间接损失和机会损失三大类。
- 激励对绩效产生的影响只占 10%，培养对绩效产生的影响也只占 20%，而人才选择的影响却达到 70%，所以要先人后事，选人在先。
- 精准选人能力包括人才吸引、人才定义和人才识别三大能力。

第 2 章

谁为选人负责

> 为企业选到优秀人才是企业家的使命,只有选到优秀人才,才能确保企业立于不败之地;只有为企业建立持续供应人才的能力,确保人才稳健供应,才能确保企业顺利传承。
>
> ——杰克·韦尔奇

有这样一道选择题:在企业内,人力资源管理由谁来负主要责任?

A. 直线经理　B. HR 人员　C. 直线经理和 HR 人员　D. 咨询顾问

E. 没有人,它是自然产生的

这道选择题是人力资源之父戴维·尤里奇曾经在很多场合中提出来的,如在企业内部培训、大学课堂、高层管理者论坛等中,大多数人的选择都是 B 或 C。

我们也曾在很多场合中提出过这道选择题,如在项目启动会、公开课、企业内训等中,大多数人的选择也都是 B 或 C。

选人是谁的事儿

佳美公司是一家位于中部地区的连锁零售企业,经过十多年的变革发展,门店扩张迅速,一度成为当地最有潜力的零售企业。近两年随着门店的快速扩张,对人才的需求与日俱增,同时由于当地新增了好几家竞争对手,市场竞争更加激烈,几乎每天都在上演人才争夺大战。在月度经营分析会上,人力资源部门总是要面临来自各部门的挑战:"我提报的 3 位店长的需求什么时候可以满足呀""你们上周招来的客服经理不合适""业绩不好的原

> 因是人资部没及时给我补充人"……几乎所有部门都认为招聘选人就是人力资源部的事。

我们发现大多数企业经理人都认为选人是 HR 的工作，应该由 HR 负责，其实这走入了选人的误区。

误区一：选人只是 HR 的事

大多数企业的业务部门或其他职能部门的管理者通常认为，只要做好本部门的分内工作就可以了，生产的管好生产，销售的多拿订单，而招聘选人等人力资源方面的工作自然是人力资源部的事。部门需要用人，就应该找人力资源部要。

误区二：只有 HR 才是选人专家

选人是人力资源部的主要工作职责之一，大多数业务部门的经理也都认为选人是人力资源部的职责，HR 是具备选人能力的专业人士，因此也只有 HR 才具备选人识人的能力，其他人在这方面都不专业，也不需要知道如何选人。为了提高选人成功率，只能 HR 全权负责了。

误区三：只有 HR 才能找到合适的人

业务部门的经理通常认为，人力资源部掌握了招聘渠道，可以为自己的部门招聘到所需人才，作为业务部门，不知道从哪里去找合适的候选人，因此要找人，只能通过 HR。

我们发现在很多企业家、直线经理甚至资深 HR 的观念中或多或少有上述误区，其背后暗含的是大多数管理者不清楚到底谁应该为企业的选人负责。

全球领先的人才寻访公司的资深专家费洛迪在《关键人才决策》一书中提道："虽然在许多组织中，有些人（包括 HR 管理者）在选人方面比其他人更有经验，但领导者必须亲自参与这些决策工作。正如你不会把选择配偶的事托付他人一样，你也不应该将重大的人才决策委托给别人来进行。"但是到底谁为企业的选人负责？我们认为：

- 企业家是首席面试官；
- 直线经理是选人的第一负责人；
- HR 让企业具备选人的能力。

企业家是首席面试官

企业家需花时间在招聘上

杰克·韦尔奇在其著作《赢》中写道："如果你舍不得花时间和精力来招贤纳士，那么你将来在管理上碰到的困难会花去你更多的时间。"我们发现，越是优秀的企业家，投入在识人选人上的时间就越多（见表2-1）。

表2-1 优秀企业 CEO 在面试上投入大量时间与精力

公司 CEO	关 键 行 为
Larry Bossidy（联合通信集团）	• 对集团最重要的 120 人的招聘和提升拥有否决权、批准或增加提名权，亲自面试进入最后一轮的候选人 • 强调在招聘中寻找具有成功习惯行为的人
Jack Wetch（通用电气）	• 负责批准最重要的 600 个工作岗位的候选人 • 亲自参与面试前 125 名管理人员的候选人 • 坚信战略始于所拥有的人才
Wayne Calloway（百事可乐）	• 面试申请前 500 个最重要岗位的申请人 • 我所做的工作中，没有什么比人员管理更重要的了
吴亚军（龙湖创始人）	• 面试高管和关键人才，每年亲自担任龙湖校园招聘"仕官生"的面试官，挑选优秀的人才 • 龙湖校园招聘宣讲会是龙湖城市公司总经理必须参加的关键工作
雷军（小米创始人）	• 在小米创办的第一年，我花了 80% 的时间在招人 • 找人不是"三顾茅庐"，而是要"三十次顾茅庐"。只要有足够的决心，花足够的时间，就可以组成一个很好的团队

很多企业家挂在口头的一句话是：我太忙了，实在没有时间面试。他们埋

头于业务工作，在他们的潜意识中，找人选人是 HR 的事，是部门经理的事，即使需要自己面试做选择决策，也必定经过 HR 和部门经理的筛选后才到他们这里。因此，企业家很少有主动为企业寻求人才的意识。其实，企业家往往拥有更多的资源、更广的人脉、更好的人格魅力，更具有智慧的、独特的眼光，如果能把招聘当成习惯，将会拥有很多纳贤的机会。卓越领导者从不将人才管理的事情交给其他人，甚至将管人视为管理工作的全部。管理人才的能力是卓越领导者区别于一般领导者的关键所在。当代许多优秀的企业家都在朴素地践行着先人后事的管理理念，他们已经将人才选择、人才招募工作视为第一优先级事项。

在很大程度上，企业家的魅力影响着企业的组建和人才梯队的建设，这对企业尤为重要。人格魅力是企业家应具备的特质，也是企业向前走的动力。每家企业都有自己的领袖，每个团队都有自己的灵魂人物。正如苹果的乔布斯、原 Facebook（现为 Meta）的扎克伯格、小米的雷军、华为的任正非等，他们每个人都具备强大气场和个人魅力，他们的一举一动、一言一行都代表着企业的形象，向外界及内部传递着创始人的力量，吸引着优秀的人才。而企业家更需要展示这样的个人魅力去吸引人才。

正所谓"用优秀的人才吸引人才"，极具个人魅力的企业家，用其个人魅力吸引优秀人才，才能共同打江山。尤其是中小企业想要凭借现有的资源在人才战中取得胜利，吸引、任用、留住优秀的人才，企业家更应当充分发挥个人魅力来吸引优秀人才，为企业的长期发展提供人才保障。企业家在选人上花费的时间会在之后的管理上加倍获益。

我们建议企业家一定要重视人才选择，要在选人上投入时间与精力，像农夫挑选种子一样去选择人才，而且要不断提高自己的选才能力，让自己成为企业的首席面试官。越是关键的和层级高的岗位，企业家越要花时间找人，亲自参与面试，为企业挑选到属于自己的"超级杂交水稻"，只有这样才能有好的收成。

企业家应提高识人能力

一般我们会说,企业家是营销高手、融资高手、并购高手等,但德锐咨询研究发现,企业家的识人能力在企业整体运营中发挥着不可替代的作用,而且企业家成为识人高手就不用同时成为全方位的高手,因为他能拥有更多的各种高手去实现企业目标。

管理大师吉姆·柯林斯在《从优秀到卓越》一书中写道:"商界人士最重要的决定不是如何做事,而是如何聘人。"领导者的首要任务是选才。

为了帮助企业家高效地识别人才,我们经过多年的项目实践,总结出了如图 2-1 所示的公实矩阵,企业家可以利用该工具区分人才类别,从而迅速识别出企业所需的人才。

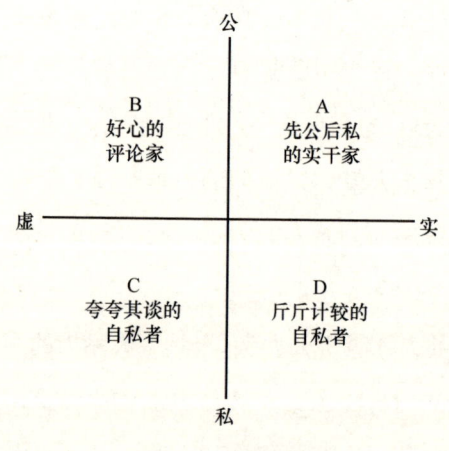

图 2-1 公实矩阵

所谓公是指集体利益,私是指个人利益。先公后私的人一般先考虑他人和集体利益,以集体利益为重,在一定条件下个人利益服从集体利益。

所谓实是指行为、行动、结果等输出层面,虚主要聚焦在思想、表达、承诺等输入层面。

公实矩阵是以公私为纵轴、虚实为横轴,交叉形成 4 个象限,企业家们可以参考公实矩阵并利用表 2-2 来评价不同岗位人员的公私、虚实程度,将先公后私及高效务实两项素质评分结果定位到矩阵中的不同象限,以此将候选人区分为 ABCD 4 类。

表 2-2 公实矩阵量表

素质特征	序号	题 目	选项 是	选项 否
先公后私	1	当个人利益与企业/部门利益出现矛盾时,更多的是维护企业/部门利益	1	0
	2	当个人利益与其他同事等人利益出现矛盾时,经常会考虑他人利益	1	0
	3	当自己部门利益与企业整体利益出现矛盾时,能够平衡双方利益	1	0
	4	谦虚低调而不自夸,不以自我为中心	1	0
	5	当成功时,更多的是将功劳归于自身以外的人或事	1	0
	6	当失败时,更多的寻找自己的原因,检讨自己	1	0
合计	以上题目选择为1的总数≥4的,体现为"先公后私"的素质特征,否则更多地体现为"利己主义"			
高效务实	1	遇到事情时,体现更多的是实践家而不是评论家	1	0
	2	遇到事情时,更多的是行动而不只是陈述现象	1	0
	3	更多的是在寻找方法而不只是在分析原因	1	0
	4	遇到问题时,更多的是主动担当而不是选择逃避	1	0
	5	更多时候是结果导向而不是追求形式	1	0
	6	更多的是在果断实践,检验营销策略和方案,而不是犹豫彷徨	1	0
合计	选择为1的总数≥4的,体现为"高效务实"的素质特征,否则更多地体现为"低效务虚"			

- **A 类:先公后私的实干家**。他们是真正能够为企业创造价值的人。他们把长远利益和企业整体利益放在第一位,在他们眼里,企业的成功高于个人的财富和名誉。他们有着令人折服的谦逊和永不放弃的决心,务实能干,结果导向,不达目的不罢休,以为企业创造实实在在的业绩为傲,拒绝无谓的争论和缺乏依据的评头论足。

- **B 类:好心的评论家**。为了企业或高谈阔论,或针砭时弊,但他们似乎永远只是停留在想法、评论层面,而不付诸行动。例如,空降的"光环型高管",他们的出发点是为了企业,但只是谈论着在前企业的方法心得,却因各种缘由无法落地实施,他们就像一个旁观者,空有评头论足,而无实质的行动和业绩。

- **C 类**：夸夸其谈的自私者。他们既不能做到为公利他，也不能做到踏实肯干。他们心里只有个人利益，无论是从口头上还是行动上，都不能表现出对企业利益的认可和维护，不断计较着自己的利益，总是吹嘘自己的能力和业绩，而实际上却没有什么贡献。
- **D 类**：斤斤计较的自私者。他们在组织中履行着自己的职责，并且通过行之有效的方法，做出实实在在的业绩，他们有可能是企业创造业绩的中坚力量。但他们所有的付出都要求得到直接的回报，关心个人利益重于企业利益。这类人往往偏个人英雄主义，强调个人的绩效和个人贡献。如果没有益处或益处很小，他们往往会消极地配合，甚至不予配合。

总而言之，企业选人能力的强弱直接取决于企业家的重视程度。如果企业家高度重视企业选人能力和面试官队伍的打造，人力资源部门和直线经理就会积极参与到企业的选人能力建设中，从而逐渐为企业建立稳固且高质量的人才供应链。为了帮助企业家自我评价其对人才选择的重视程度，德锐咨询制定了企业家选人能力评估表（见表 2-3）。如果以下 10 项评估内容中有 8 项内容的自评结果为"是"，那么恭喜你，你正在履行企业家的选人使命，正在成为企业的首席招聘官；如果为"否"，那么你可能需要审视自己企业人才供应链的建设情况，及时止损，快速重塑，从根本上避免陷入用人荒的尴尬境地。

表 2-3 企业家选人能力评估表

序号	描述	是/否
1	工作中花 20%时间用于招聘	
2	通过金牌面试官认证	
3	企业高管团队用于招聘的时间占 20%	
4	每年为企业推荐候选人至少 5 名	
5	关键岗位亲自面试	
6	亲自审批基层员工的入职	
7	在企业内部建立面试官团队	
8	非常重视面试官团队管理	
9	在人才招聘项目上的资金投入充足	
10	随时发现优秀人才	

招聘权限不轻易下放

我们在管理咨询中发现,许多企业的招聘权限并没有清晰的规定,有些企业虽有明确的招聘流程与权限划分,但很多时候因为用人急,在决策人未表达意见的情况下,直接给予通过。正确的做法是:无论发生什么情况,任何一家企业的 CEO 都应该掌控面试决策的最终权或最终审批权。

> **权限下放导致人才要求下降**
>
> 某《财富》500 强公司进入中国市场前期,每个分公司的人力资源经理都必须经过 HR 副总裁亲自面试后,才能加入公司,整个人力资源经理的队伍素质整齐划一,HR 部门在员工中一直具有较高的影响力。后因公司飞速发展,分公司越来越多,HR 副总裁逐步将面试权限下放至区域经理甚至小区经理。为了完成招聘任务,区域经理便各自为政,人力资源经理的素质参差不齐,文化传承散失,HR 的专业度及影响力逐年下降。

谷歌为了保证人才招聘的客观标准,将标准的把控责任分由两个高级领导团队来承担,一个由管理产品的工程师组成,另一个由销售、融资和其他部门成员组成,但成立这两个团队的目的仅仅是确保谷歌能够坚持创始人设立的高质量标准。每位候选人录用与否,都必须由一位审核人——CEO 拉里·佩奇做最终的决策。

美国企业家拉里·博西迪和世界著名管理咨询大师拉姆·查兰都曾说过:"将合适的人才安排到合适的岗位是任何一位领导者都不应委托他人进行的工作。"

> **马云坚持关键岗位亲自面试**
>
> 阿里创立之初，员工规模在 400~500 人的时候，公司任何一位新进员工，马云都要亲自面试，包括前台接待、公司保安。
>
> 阿里的原首席人力资源官童文红，是马云亲自招聘面试的。她原来是军嫂，从阿里的前台接待做起，然后任行政经理、人力资源经理，管过业务，管过客服，最后成为菜鸟的董事长。
>
> 阿里的一位花名叫杨过的保安，也是马云亲自招聘的。他在阿里任保安的时候，每天都会去产品部观摩，先是旁听产品开发，后来任产品经理，结果两年就晋升到了产品总监。
>
> 阿里在公司壮大后，马云曾经抛弃过这个方法，把招聘权限下放给部门经理。结果很多经理自己入职才一个多月就去招聘人，而他自己并不了解公司的文化、价值观，甚至对这个岗位有什么要求也不清楚，这样的招聘导致出现了很多问题。
>
> 后来，阿里一度恢复跨四级招人。例如，广东大区的总经理下边有城市经理，城市经理下边有业务主管，业务主管下边是普通的销售或客服人员。也就是一个广东大区总经理要直接面试销售或客服人员。
>
> 所以，阿里在人力资源方面的改进，是从招聘源头开始的，而招聘源头的第一件事就是不轻易下放招聘的权力。
>
> （资料来源：搜狐网）

在德锐咨询，公司的每位咨询顾问候选人都必须由董事长亲自面试，并且董事长在面试完后给出最终任用建议。如果董事长对候选人的评估与之前的面试记录一致，则给予录用；如果与之相反，则会将自己的建议反馈给其他参与面试的合伙人，再次进行评估，这样方能确保每位进来的人都能在统一的、客观的标准中进行考量。

> **沃尔玛基层岗位的审批权限**
>
> 沃尔玛连续多年荣获《财富》世界 500 强第一的称号，在利润率较低的零售行业能取得如此成绩，是很多高科技、高利润行业一直想探究并学习的。沃尔玛之所以能做到，聚焦于人是关键。例如，任何一家商场在招聘选人的过程中，都有严格的审批流程，即使一名兼职员工或一名实习学生的加入，都必须经过该商场总经理审批。原因有三：一是无论是价值观还是能力和态度，要确保进入公司的每名员工都是符合公司发展要求的；二是商场总经理要对成本负责，要判断每增加一名员工是可以给公司带来更多价值还是增加更多成本；三是可以更好地从基层挖掘到有发展潜能的新人。这样的审批权限规定让沃尔玛在选人阶段一直获得多赢的成效。

费洛迪在《关键人才决策》中写道："基于二十多年来的实践与研究，我坚信高超的人才决策能力是促进领导者职业成功的最强有力因素。"你在职业道路上走得越远，在职位等级上攀得越高，人才决策就会变得越来越重要，这种重要性是相对其他因素而言的。

费洛迪视人才决策为组织制胜的关键。许多卓越企业的领导者会花大量时间在招聘选人上，不会轻易将人才的决策权下放。

➩ 直线经理是选人的第一负责人

针对章首的选择题，我们在国内某大型连锁餐饮企业的项目启动会上询问参会者时，100%的现场管理者都一致地选择 A，这让我们非常惊讶，因为在德锐咨询服务过的企业中，95%以上的企业管理者及 HR 人员都会选择 B 或 C，为什么这家企业的管理者的认知如此不一样呢？他们的回答是："企业高管宣导的理念就是谁用人谁负责。"

第一，直线经理为团队的绩效负责，而绩效的高低在选人的时候就决定了，直线经理必须为选人负责。

第二，直线经理对岗位的工作职责和候选人所需要具备的素质与能力最为了解，他们可以清晰地描绘岗位的人才画像，并在选人过程中作为标准加以筛选。我们经常听到管理者们认为人力资源部门为自己招来的人不合适，这恰恰说明他们是清楚地知道合格的人选应该是什么样的。因此直线经理对候选人到底合不合适更有话语权，由他们来负责选人也更容易招到合适的人。

第三，直线经理对候选人的获取渠道最清楚，因为是同行，他们更知道要招的人在哪里，甚至知道行业中最优秀的人才都是什么现状。由他们负责人才引进，将有助于吸引同行中最牛的大咖。

第四，直线经理最容易把控招聘的进程，基于用人的紧急程度，他们势必全力以赴，从候选人的简历收集到面试复试录用，会时时紧跟。

第五，直线经理作为用人部门负责人、候选人的直接上级，对候选人能不能使用、用得好不好负有直接责任。直线经理为了减少人才的流失更替，除了在选上下功夫，还会在育留上投入更多的精力，为企业培养更好的人才。

另外，从管理的四要素（计划、组织、激励、控制）中来看，管理者在做计划的过程中，至少 50%是关系到人的；管理者在组织的搭建和提升中，也有 60%是关乎人的；管理工作中用的激励工具 100%都是用来激励人的；最后控制也是 50%关系到人。综合来看，管理者的管理工作 60%~70%都是与人有关的，因此，我们说，既然直线经理是人力资源管理的主要负责人，显而易见，直线经理也是企业选人的第一负责人，是选人的主体，在选人上应该承担相当大的责任。

直线经理作为选人的第一负责人，要具有广纳贤才的胸怀。企业每次引进新人员，都要确保至少比现有较差的 20%的人员优秀，这样才能保证团队整体水平是处于上升的。直线经理人需要具备选择比自己优秀的人才的境界来提升整体绩效，必须做到胸怀广阔，不让自己成为整个团队发展的瓶颈。

> **胸襟狭窄的 CFO**
>
> 某地产公司需要招聘一位财务总监，猎头公司先后推荐了十几位符合公司各项要求的候选人，其中有 5 位候选人通过前两次面试，进入 CFO 面试阶段，但都在 CFO 面试完之后被淘汰了，导致此岗位空缺半年以上都未能填补。猎头公司也很委屈，推荐的候选人都很优秀，有的甚至非常优秀。后经侧面调查沟通发现，问题不在候选人身上，而在面试官 CFO 身上。该 CFO 不具备广纳贤才的胸怀，担心太优秀的财务总监未来会取代自己，因此在面试阶段就阻止了很多优秀人才的引进，这样的经理人是不能成为金牌面试官的，也不应该具有用人决策权。

直线经理作为选人第一负责人，要在面试过程中有意识地展现企业雇主品牌形象，为企业代言。每位候选人进入企业接触的第一个人是面试官，也是从面试官那里开始直接了解企业的。面试官就是雇主品牌的代表，面试官的一言一行都决定着候选人对企业的初步认知，也是决定能否吸引优秀人才进入的关键。德锐咨询在向客户企业面试官进行认证的过程中发现，不少优秀的员工是因为在面试时被面试官的气度、言行举止、谦逊关怀、低调从容等体现着企业文化的特质所吸引，从而义无反顾地加入企业的。

直线经理作为选人的第一负责人，其面试能力将直接决定候选人的质量。有研究表明，最好的面试官预测的有效性是最差的面试官的 10 倍。我们建议，所有条线上的直线经理都应成为金牌面试官，为企业招募到合适的人才，这是作为管理者的一项基础能力。

HR 让企业具备选人的能力

企业选人能力关乎企业利润，更关乎企业的发展。作为企业的战略合作伙伴，HR 的第一职能就是要为企业建立高效的人才招聘体系，培养合格的面试官团队，赋能直线经理，提高选人能力。这样不仅可以让各层级面试官的面试要求统一，也可以让面试官的选人标准相一致，从而有效提高企业的选人能力，确保企业人才供应的有序性和有效性。

建立面试官队伍

我们都知道，如果没有拿到驾照就开车上路是非常危险的，那么，让不具备选人能力的人去选人，同样存在风险。在很多企业中普遍存在着大量不具备选人能力的直线经理承担着选人重任的现象，这将难以保障选到的人才是最合适的。因此，合格的面试官是必须要熟练掌握各项面试技能与技巧的，并且是通过认证，获得金牌面试官证书持证面试的。

德锐咨询针对如何让直线经理人成为金牌面试官，总结出以下 5 个步骤（见图 2-2）。

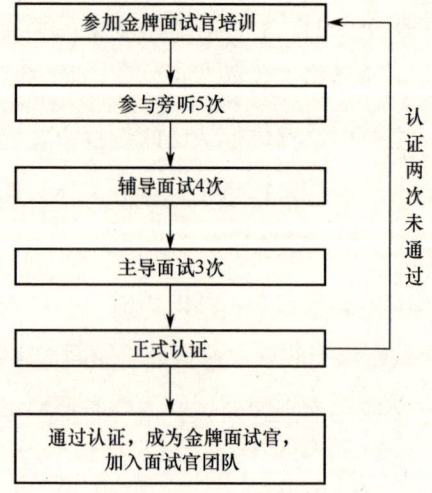

图 2-2　德锐咨询金牌面试官认证流程

步骤一：接受并完成"精准选人"培训。

步骤二：参加面试（初试或复试）旁听至少 5 次，学习面试技巧，培养通过提问达到考核候选人素质项的能力要求。

步骤三：参与辅助面试 4 次，通过不断实践和总结，获得可以主导整个面试过程的能力。

步骤四：作为主面试官主导正式面试 3 次。

步骤五：正式认证。金牌认证官在真实的面试现场对被认证人从提问能力、追问能力、控场能力及判断能力 4 个维度进行认证，通过者即成为金牌面试官。

如果两次认证都未能通过，说明面试官在面试技巧、工具运用、行为判断等方面还需较长时间的实践与提升，因此建议一年后再重新申请认证。

一场真实的面试场景，可以同时认证两位面试官，一位是主面，另一位是辅面。认证官在现场，但整个面试过程不打断、不提醒、不发言，全程记录面试官所问的所有问题，对面试官的提问能力、追问能力、控场能力、判断能力4 个方面进行判断，每项 1~5 分，平均分达到 3 分，则通过认证，成为金牌面试官；没达到的，后期勤加练习一个月后，再次参加认证。

每家企业因行业、人员规模等不同而对于面试官选拔的要求也不一样。业界知名的龙湖地产，其面试官选拔有着严格的标准。在龙湖地产，面试官分为两个层级：初试官和复试官。初试官必须在公司工作满半年，职位在主管或以上，还必须是该岗位的业务骨干；复试官，必须在公司工作满一年，职位在部门经理或以上。每位面试官都必须先接受公司组织的招聘面试技巧方面的金牌面试官认证（见表 2-4）。

表2-4　龙湖面试官选拔标准

初 试 官	复 试 官
• 司龄：半年以上	• 司龄：一年以上
• 职位等级：3级以上（主管或业务骨干）	• 职位等级：5级以上（部门经理或同级人员）
• 面试技能：接受过公司组织的招聘面试技巧培训	• 面试技能：接受过公司组织的招聘面试技巧培训

不同的企业有不同的面试官选拔标准，但标准的制定一定要与企业的价值观、岗位属性、人才标准相一致。企业最好对照面试官素质能力模型，挑选有潜力的人培养成为面试官。另外，在众多标准中，"价值观相符"一般是排在首位且最为重要的选拔标准。前文也说到，面试官是企业文化、雇主品牌的代表，如果一个面试官候选人在价值观上与企业不匹配，那么他就不应该也不能够成为企业的面试官，否则会给企业的人才选择带来负面影响。

为了能够建立一支强有力的选才队伍，扩大面试官选拔基础，很多企业会出台诸多的激励政策，如面试官在工作机会、加薪、晋升等方面拥有优先权。这些激励政策能够显著调动管理者成为金牌面试官的意愿和积极性，从而为企业迅速建立一支合格的面试官队伍。有些特别重视管理者选人能力的企业，对管理者成为面试官有刚性要求，即只要是管理者就必须是通过企业认证的合格面试官，否则即使个人业绩再好，也会影响个人绩效、加薪及晋升。这样的严格要求对于面试官队伍的建立无疑会起到显著的推动作用。

另外，还需提醒的是，一支合格的面试官队伍要注意人员的组成，不仅要有懂人力资源的 HR 参与，更需要有了解业务、熟悉业务的业务部门人员参与，而且业务人员应该是主要成员。在企业实际面试过程中，正如前文所说，业务部门的直线经理应该占据主导地位，而人力资源部门更重要的角色是组织者、制度流程的制定者、方法工具的提供者及理论知识的专家，HR 更多的是利用自己的专业知识帮助业务部门挑选人才。

做好面试官资格管理

通过了金牌面试官认证的直线经理不是一劳永逸的，也要不断学习，向现有的金牌面试官学习，最有效的方法就是与优秀面试官一起面试。这样做的好处是：首先，可以直观地从专业面试官身上学习经验技巧及判断能力。其次，与优秀的面试官一起面试，会加强把关作用，避免单独面试可能存在的由于用人偏好而导致错失优秀人才或招入错误人选的损失。最后，与优秀面试官一起面试,可以及时得到反馈以提高面试技能。如果没有其他人的建议,即使面试实践再多,面试中暴露的问题不能第一时间得到反馈,面试能力也很难得到快速提高。不断实践,不断超越,坚持持续学习与定期总结,这样才能在识人选人上更精准、更高效、更成功,所属部门和团队的业绩也将会越来越出色。

如果企业内部有相应成熟的招聘团队且拥有具备金牌面试官资格的人群,可以由企业 HR 或招聘委员会来确定认证小组成员。如果企业还没有成立面试官团队,也没有招聘委员会等组织,认证小组成员建议由第三方的咨询机构担任。

企业建立了面试官团队后,仍然需要定期对面试官团队进行资格管理。所谓面试官资格管理就是对面试官的面试能力、面试结果进行定期的考核评价,依据评价结果对面试官队伍进行优胜劣汰、升降级式的选择,从而持续提高面试官队伍的能力,促进企业选人能力的提高。

在对面试官的考核中,"面试成功率"是一个经常被用到的指标。"面试成功率"是个相对指标,对于初试官,可以通过复试通过率来考核;对于复试官,可以用录用人数对比面试人数来参考。通过这个指标的考核,能让面试官在面试过程中保持高度的责任感,同时提倡和鼓励"面试成功率"较高的人尽可能多地参与到关键岗位的面试中。而"面试成功率"处在末位的面试官,则需要被重新培训和认证,只有这样,才能保证面试官能力持续提高。

龙湖地产在面试官资格管理中,对面试官参与面试的次数也有要求。初试官每半年不少于 20 人次,复试官每年不少于 20 人次,通过率低于 30%的面试官将会被取消资格(见表 2-5)。通过这样明确的量化管理,激励了面试官不断学习、不断实践、不断提高面试能力,从而确保了面试质量和选人准确性。

表2-5 龙湖面试官资格管理

初 试 官	复 试 官
● 定期评估:每半年进行一次 ● 独立面试资格:参与面试次数不少于 20 人/次 ● 资格取消:复试通过率低于 30%	● 定期评估:每年进行一次 ● 独立面试资格:参与面试次数不少于 20 人/次 ● 资格取消:总经理(董事长)交流通过率低于 30%

建立团队面试"333"决策机制

领导者的重视和亲自决策无疑会让企业人才招聘的质量和效率得到显著提高,不过仅有领导者的参与和重视显然不够,综观全球,凡是卓越的企业,在招聘上基本都主张团队参与。戴维·布尔库什在《新管理革命》里说:"企业家对选人负责不应该孤军奋战,而应该让整个团队参与招聘。"

> **让团队成员面试每位候选人**
>
> 易仁达(亿康先达创始人)于 2002 年获得了哈佛商学院的"杰出校友奖",这是这所名校的最高荣誉奖项,只颁发给极少数成就卓著的校友,获奖者都是"楷模"人物,他们激励了所有期望将来对商界和社会产生影响的有志之士。易仁达是如何取得事业成功的?除先天遗传因素和后天努力学习外,易仁达认为取得成功的最重要因素仍是他掌控人才决策的能力。他自 1964 年创办亿康先达开始,不仅一直坚持亲自面试每位顾问候选人,还规定每位顾问候选人都必须在多个国家接受多人面试。直至今日,所有新进顾问必须接受董事长及不同办事处约 40 名同事的面试,以确保他们能达到企业严苛的要求,并且能契合亿康先达的企业文化。

人才招聘是一项非常重要的决定,团队面试的优势在于这个重要决定是由团队成员共同决策的。团队每位成员都拥有欢迎或拒绝新人加入团队的权利,这样会让大家都对自己的表现和决策负责。对比个体面试,两者的差距是巨大且明显的(见表 2-6)。

表 2-6 团队面试与个体面试对比

项 目	团 队 面 试	个 体 面 试
考察范围	全面	局限
判断准确率	高	低
结果认同度	高	低
决策效率	低	高

江苏一家知名企业，招聘一名高管的时间最长达 3 年。在招聘期间，董事长要求每位董事都必须和候选人见面，有的还不止一次，只有所有的董事一致认为候选人的价值观与企业文化相匹配，专业技能及特质符合企业要求，该候选人才能成为该企业未来可引进的人才。到准备加入该企业时，还须参与董事会安排的如下工作：参加企业的会议，参与企业的某些决策，与企业员工见面，熟悉企业环境、流程、文化、工作方式等。在所有这一切都无障碍之后，才正式加入企业。经过多年持续跟踪调查，德锐咨询发现每位入选这家企业的候选人都具备较高的潜能，在进入企业后都能够很好地融入团队，不久便在企业成长为关键人才，为企业的发展做出卓越贡献，而且在多年中竟无一人离职。

谷歌在招聘管理者时，不仅有上级与同级参与，还会让该岗位的下属参与面试。下属参与面试过程并在最后决策中发表建议和意见，这是非常独特的做法。无论是面试者还是被面试者，除有很特别的体验外，都会认为自己受到了尊重，因而在面试中更加投入。谷歌大多数员工每周用在招聘工作上的时间为 4~10 小时，公司的高管每周用一整天，那么所有高管加起来每年有 8 万~20 万小时用在招聘工作上，其中还不包括专职招聘人员所用的时间。

> **让下级参与招聘**
>
> 谷歌将人才招聘视为任何组织唯一最重要的人力活动。谷歌的招聘流程有多个步骤，从简历筛选开始，招聘人员进行远程面试，之后是来自直接招聘经理、同事、跨部门经理，甚至包括未来下属的多轮面试。被未来的下属面试是很特别的体验，这也印证了格鲁伯格的研究："从某种程度来说，来自他们的评价比其他任何人都重要，他们才是以后要忍受你的人。"

团队面试的目的是让多人参与选人决策，这样能够保证选人的准确率。但是，团队招聘绝对不是让企业所有的管理人员都参与到每位候选人的面试过程中。通过一轮又一轮的面试这种简单的人数、轮次的增加来提高面试成功率，这样的做法既不经济，也非常低效。德锐咨询基于成功企业的先进做法，总结出"333"面试原则，既能提高面试效率，又能大幅提高选人精准度。该原则即

- 一场面试的面试官人数最佳3人；
- 一位候选人的面试场次最多3次；
- 一人连续面试场次不能超过3场。

3人面试效果更佳

研究表明，团队面试比个人面试更有效，由于不同的面试官之间对评估的依据可以相互质疑，而且团队面试对于高级职位、复杂职位及面向客户的职位似乎更有效。

对于团队面试的人数，费洛迪在《合伙人》一书中表明"你需要的是一个精心挑选出来的精英体系——3位一流的顾问，为你每次的决策提供有价值的信息，将选人的风险降到最低。"谷歌规定每位候选人至多接受5位面试官的面试。

基于这些研究，德锐咨询在实际工作中发现，3人是最高效的团队面试人数，两个面试官会对面试决策有争议而无法取得一致意见，超过3人的面试官队伍，面试时间和精力投入较高，实操性弱。

当然，为了达到更好的效果，3人面试官要进行明确的分工和配合，以避免杂乱无章的提问影响选人精准性。每次面试前，应由HR部门负责确定1人为主面试官，其他为辅面试官。面试过程中，主面试官主导整场面试，时间不低于整个面试时间的1/2。辅面试官可针对主面试官没有考察到的素质进行辅助提问，切忌为彰显个人价值无视面试的整个流程，甚至出现互相打断的情况。3人在这场面试中，应目的一致，形成合力。如若面试过程中出现任何问题，须优先由主面试官处理，辅面试官可提供自己的参考意见（见表2-7）。

表 2-7　团队面试中面试官的分工

序号	步　骤	要　求	时　间
1	分工准备	HR 部门确定每次面试的主面试官,每次面试人数 3 人为宜	
2	开场白	主面试官介绍面试流程	2 分钟
3	主面试官提问	主面试官主问。主面试官组织全场面试,负责提问,考察完所有需考察项。主面试官占用 50%左右的时间;主面试官主问时间内其他人不打断提问,可帮助追问	50%的时间
4	其他面试官补充提问	主面试官组织其他人补充提问,从职位高到职位低提问;补充提问者提问时其他人不打断,可以帮助追问	30%的时间
5	自由提问	主面试官询问其他人是否有提问	10%的时间
6	候选人提问	主面试官自己问答为主,可安排人问答	10%的时间
7	面试决策	从职位低的开始轮流表达意见,先说"过"或"不过"。如果意见一致,就直接决策。有异议时,让少数方先说原因,最终需要达成一致	5 分钟

参与面试的每个人均可给出决策的理由,公开客观地发表自己的意见。在做面试的最终决策时,严格遵守规则显得格外关键。太多案例表明,面试决策时,有出于对自身利益的考虑进行干预的,也有凭借自身职位否决他人看法的,糟糕的人才决策往往随之产生。

基于此,发表决策意见时,先从职位低的人开始,这样可以最大限度地减少权威带来的影响。表达观点时,须遵循两个原则:一是干脆果断,直接给出是否任用的建议,不要犹豫不决,拖泥带水,否则只会增加决策的成本;二是简明扼要,直接说出用或不用的决策。

(1) 决策一致通过,可以正常进入下一个流程;

(2) 决策一致不通过,则果断放弃;

(3) 有的面试官判断"通过",有的面试官判断"不通过"。如果判断"通过"的面试官为少数,则由他们先说明理由,如果该理由说服了其他面试官,则该候选人"通过"本轮面试;如果被判断"不通过"的面试官说服,则该候选人"未通过"本轮面试。需要关注的是,最终判断不是少数服从多数,而是所有面试官共识的结论,并且在共识过程中,审视质疑的点是该岗位最关键的素质,以此为依据进行评判。如若僵持不下,可再安排一轮加试,让其他金牌面试官给予建议。总而言之，招聘环节多用点心，能降低选错人的风险。

为了提升面试官的面试技巧，每次面试结束后，面试官们都应花上几分钟时间，复盘整个面试过程，提出每个面试官需改进的地方，真正做到在实战中提高面试官的面试能力。

3轮面试效度更高

不规范的面试流程会漏洞百出，而科学的面试流程则能够降低选人的风险。为了减少招聘时间的投入，很多企业通常会减少面试环节，一次或两次面试后就匆忙做出选人决策，这样可能为企业选错人埋下隐患。但是过多地增加面试环节也有可能增加选人的失误率，合适的人选被剔除掉。有人问杰克·韦尔奇："在招聘时，您是如何进行面试的？"杰克·韦尔奇说："永远不要完全依赖一次面试！不管你的时间有多紧迫，或者不管某位候选人的表现有多么积极，你都应该多安排几名公司的人与每位候选人进行多次接触。"那么是不是面试次数越多越好？几次面试才是最高效的面试次数？

德锐咨询在企业的诸多实践中发现，电话邀约后的3次面试是最高效的面试次数，3次面试是投入时间最合理、最易实施、最有效的面试次数。

首先由HR进行简历筛选，挑选出符合岗位人才画像冰山上要求的简历。其次通过电话面试来确定候选人在意愿度、语言表达、过往经历、离职原因、简历中的疑点、薪酬、工作地点、职位的特殊性等方面是否与企业适配，然后才进入第一轮面试，也是初试。第一轮面试的面试官一般是HR和直线经理。

通过第一轮面试的候选人进入第二轮面试，也是复试，面试官由HR和面试决策人担任。有的企业在这之前会加入一次笔试，也有的企业会将笔试放在初试之前，依据不同的企业需求，只要能帮助面试官精准有效判断候选人，放前放后都可以。

一般来说，第二轮面试后就要做出录用与否的决策。但如果是关键岗位，可以再安排第三轮，即终试，面试官由同级别的HR和业务分管负责人担任。

为了全方位了解候选人，建议终试前加入性格测评帮助佐证。

为了在人才争夺战中赢得抢人先机，企业要加快招聘与面试周期，可以将每次面试的间隔时间缩短或集中安排，但不应该单纯为了加快招聘速度而减少面试次数或忽略重要的招聘环节。以终为始，选择到优秀的人才才是面试的最终目的。

杜绝超过连续 3 场面试

某个周日，德锐咨询的一次面试，4 位合伙人花费一天时间复试了 8 位项目经理候选人，但最终只有一位成功入围。后期反思复试成功率如此低的原因，排除候选人能力的因素（初试和性格测试结果尚佳）外，一个重要原因就是决策疲劳。平均一位候选人的面试时间为 1 小时，8 个人就需要一整天的时间，面试又是一个需要集中精力获取信息的过程，半天下来，面试官已经开始进入疲劳状态，继续下去，将会使面试官的专注程度持续降低，难以保障面试效果。3 次面试箭头示意图如图 2-3 所示。

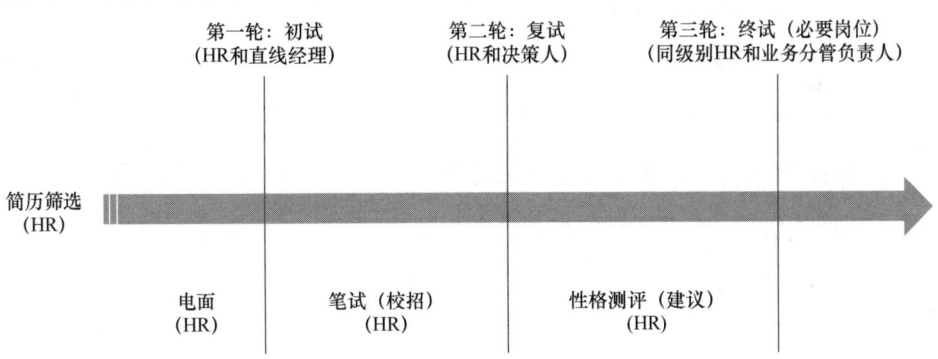

图 2-3　3 次面试箭头示意图

社会心理学家罗伊·F. 鲍迈斯特曾提出过自我消耗理论，即每个人的能量储备是有限的。这一理论解释了为什么脾气很好的人会在艰难的一天结束时抓狂，同时还解释了为什么我们有时候会做出糟糕的人事决策，因为"良好的决策并不是一个人一成不变的特质，而是一种不停波动的状态"。

回顾那次周日的面试，针对每位候选人的决策讨论花费了 10～15 分钟，一且出现个别争议的时候，还会用更长的时间。几番过后，大家都精疲力竭了，但迫于计划安排，须继续面对其他候选人，结果可想而知。

在后续的实践中，德锐咨询发现 3 场面试是同一面试官能够保持冷静判断的最佳数字。我们规定同一面试官连续参与的面试场次不超过 3 场，尽量不要安排在面试官精力疲倦的时刻，如长时间的会议之后、耗脑力的工作之后等时刻。如果一定要安排多场面试，那么建议每 3 场面试后，让面试官们休息 1 小时或换个其他工作场景，再进行下 3 场的面试，这样效度更高、效果更佳。

实践证明，团队招聘的"333"原则不仅保证了面试官选人的精准率，同时也显著提高了面试效率。在企业中，人力资源部应创造团队面试的条件，形成团队面试的机制，最大化地提高面试决策的精准度。

关键发现

- 企业家是首席面试官。
- 直线经理必须重视并积极参与人才招聘工作，不完全依赖人力资源部门来为用人部门挑选人才。
- HR 的第一职能就是要为企业建立高效的人才招聘体系，培养合格的面试官团队，赋能直线经理，确保企业人才供应有序和有效。
- 建立团队面试的"333"决策机制有利于提高面试决策的精准度。

第 3 章
薪酬高固定，加大吸引力

大多企业家都会认定招聘工作对于企业发展来说很重要，高素质人才的知识、能力、智慧对企业价值的创造起到了主导甚至决定性的作用，高素质人才的数量和质量成为衡量企业整体竞争力的标志。但与此同时，很多企业面临着人才紧缺、人才供应难以为继的困难，优秀人才在就业选择上是占据主导地位的，优秀的人才就业选择范围和机会也就越多。

在人才供不应求的情况下，很多企业却依然沿用着传统的招聘方式和维持着"等靠要"的被动招人思想，缺乏主动吸引候选人的意识和能力。在销售产品时，企业都知道要打造和宣传产品的核心卖点来吸引消费者，但招聘人才时，企业也提炼和传递了岗位的核心卖点来吸引候选人了吗？

➡ 吸引人才的关键卖点

为了吸引优秀人才，有的企业靠规模和品牌优势、有的提供了高于同行的薪酬水平、有的配套了五花八门的福利……由中国人民大学和智联招聘联合调研的《2020年求职者就业报告》表明，求职者最看重的四大要素可总结为：有竞争力的薪酬、3倍速的个人成长、平等尊重的文化及高成长性的企业（见图3-1）。

第一大卖点：有竞争力的薪酬

企业能否从源头上吸引优秀人才，有竞争力的薪酬是第一吸引要素。相比其他吸引要素，这是最先被求职者感知到的。

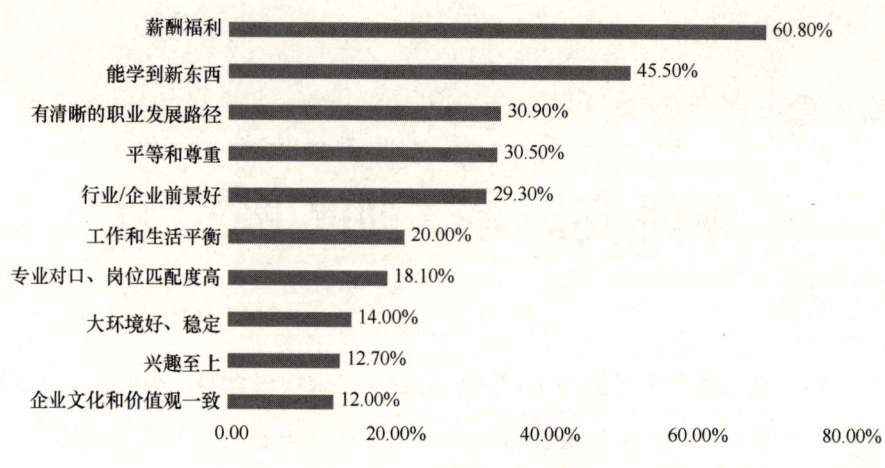

图3-1 最被看重的求职因素

提到有竞争力的薪酬，很多人的第一反应是这只适合盈利充足的大企业，对于大部分盈利情况一般的企业就根本无法实现。其实，现在优秀的大企业，并不是因为规模变大或利润提高后，再向人才提供了高薪；恰恰相反，正是因为企业先提供了高薪，拥有了先付出的勇气，才吸引了优秀的员工，进而变成了知名的大企业。很多优秀的企业在自己还是一家小企业时，就敢于给人才提供有竞争力的薪酬。

龙湖保安：以高于科级干部的薪酬来吸引天安门升旗手

回溯龙湖发展史，1993年，吴亚军从"龙湖花园"项目起家，后从西南一隅走向全国，成为当下国内房地产头部企业之一，跻身《财富》世界500强。这背后跟龙湖高标准招人、高品质交付有着密不可分的关系。

2000年前后，为了整体提高小区物业管理水平和小区品质，龙湖组织物业公司核心人员前往香港进行考察学习，由此意识到招聘的人员水平直接决定了物业服务的水平，回到重庆后龙湖从最基本的保安岗入手，全面升级了物业招聘水平。

当年，龙湖要求保安的身高在172cm以上，并且是转业退伍军人，相对应的薪酬也大幅高于市场的平均水平，高薪甚至吸引来了国旗仪仗队的退伍升旗手，龙湖非常有诚意地为他们开出了每月2000元左右的工资，并把他们安排进了别墅项目的保安岗。2000元在当年甚至都高于当地科级干部的薪酬水平了。龙湖也给予这些退伍军人足够的尊重，以物业储备干部的方式进行培养，目前留下的均已经成为龙湖物业公司的核心骨干。

龙湖物业用天安门国旗仪仗队升旗手做保安的新闻在重庆广为流传，对龙湖地产的口碑传播大有裨益，龙湖凭借一己之力拉高了整个重庆房地产行业的保安水平和物业的服务门槛。

很多企业因为担心薪酬倒挂的问题，而不愿意向新招聘人才支付高薪。如果企业对外能定期调研竞争对手薪酬水平、对内能定期盘点人员质量和能力，对于内部合适的人员就可以在薪酬上加以调整，薪酬倒挂的问题是不存在的，或者至少从长期来看是不存在的。另外，企业也需要看到新招聘人才的潜力和长期价值贡献，高薪酬水平对应的是更高的用人标准，是跟薪酬水平相匹配的人才，只有企业从源头上招聘的人才越来越优秀，企业才能不断突破和发展。

当然，高薪酬水平也不是一蹴而就的，会经历"相对高""持续高""绝对高"3个阶段（见图3-2）。

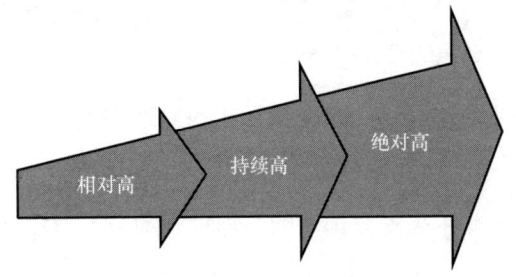

图3-2 高薪酬水平的3个阶段

"相对高"是指薪酬水平比竞争对手高，一开始可以高出5%～10%，有条件后逐渐高出10%～20%。如何确保这种相对高的竞争力呢？企业要定期开展行业薪酬调研。薪酬调研绝不是简单地购买行业薪酬调研报告，而是企业根据人才流向锚定竞争对手，每季度或半年度对其薪酬数据通过人脉打探、搜索招聘网站和询问求职者等方式拿到一手薪酬调查数据，据此调整企业的薪酬水平，确保薪酬水平的相对领先地位。

"持续高"是指每年随着员工能力的提高进行薪酬调整，候选人除关注加入企业时薪酬水平是否有竞争力外，也会关注薪酬能否做到持续增长。从长期吸引和保留优秀人才的角度看，企业需要具有规范的调薪机制确保薪酬的持续高。规范的调薪机制表现在企业除了会在人才晋升时加薪，还会有固定的年度调薪窗口，根据人才的盘点结果或绩效考核结果差异性分配薪酬资源，逐步基于能力拉开人员之间的薪酬差距，使薪酬向价值创造者倾斜，确保优秀人才薪酬的持续高。

"绝对高"是指企业的薪酬水平成为行业的薪酬冠军。这个阶段，企业的薪酬水平已经能根据企业想实现的愿景、想成为的标准来定，而不是自己所处的行业来定。如果要做到行业领先，薪酬就要先行，才能做到人才先行，进而提供领先的产品和服务，最终成为行业冠军。

当然，候选人不仅会被有竞争力的薪酬吸引，越来越多的候选人也会更加关注企业的软性吸引要素，如在企业中可实现的成长速度、企业的文化和体验感，以及企业所处行业的和企业本身的成长性。

第二大卖点：3倍速的个人成长

有调研数据表明，员工在入职的1年内离职多与工作内容和直接上级相关；而1年后离职多与职业发展或企业文化相关。所以，越来越多候选人在招聘阶段，就会关注企业未来对候选人的培养模式和个人能实现的成长速度。

在《3倍速培养》一书中提到，对于候选人而言，明确的发展通道、明确的培养路径，以及在这个过程中比较重要的角色"导师"，这些机制的完善程度，对于吸引人才比较关键。

明确的发展通道

优秀的候选人通常都有强烈的成就动机，他们渴望在事业上不断突破，实现快速向上发展。而多通道的晋升机会正是为了满足候选人的这类诉求而设计的。公开的晋升通道和明确的晋升标准是最吸引候选人的两点。一般的晋升双通道，如图3-3所示。

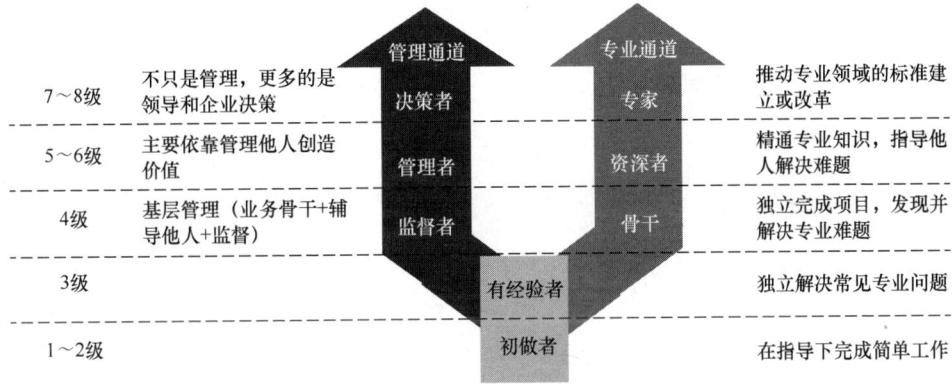

图3-3 一般的晋升双通道

"拔苗助长"式的培养

相比当前有竞争力的薪酬，优秀的候选人同样看重自身能力的提高，因为能力是伴随终身的，是实现职业发展不断跃升的关键。同时，优秀的候选人相比做一个精致的螺丝钉，也更期望能通过多样的培养方式全面了解企业业务、构建全局思维和培养多元化能力，为未来向更高层级的发展做好充分准备。

所以企业通过了解候选人不同阶段的成长规律，设计差异化的培养路径，充分调动候选人成长积极性，确保候选人在不同阶段掌握不同的知识技能，从而达到3倍速的培养效果，也是吸引候选人的重要因素。

双导师赋能

加入一家企业后，候选人进入陌生的职场状态，对一切都充满未知，他们渴望有成熟人员的带教和指导，帮助他们快速融入，所以双导师的设置成为吸引候选人加入的重要原因。

在企业内，直接上级通常作为专业导师负责候选人工作技能的培训和辅导；而对新员工的融入和价值观的引导，则需要发挥发展导师（也称思想导师）的作用。专业导师的配备增强了候选人学习和提高专业技能的信心；而发展导师的配备，让候选人感受到企业在关注业绩的同时，也在关心其心理和发展需求。让候选人感知到企业对其进行的全面赋能和培养，这对候选人的吸引力会大幅提高。

第三大卖点：平等尊重的文化

随着"95后"和"00后"候选人逐渐进入职场，他们成长于物质丰盛、精神消费丰富的新时代，对于物质的追求和精神的追求趋于相对平衡，会更加理性看待劳动者与企业的平等交换契约关系。他们在薪酬和成长的诉求外，越来越看重一家企业的软性条件，一份既能获得物质回报又能获得身份认同的工作才是他们眼中"好工作"的标准。

在这种就业观念下，年轻人大都排斥、拒绝老一套的等级森严的职场文化，"伙伴文化""信息共享""有发声机会""被授权和尊重"这些能体现平等尊重的文化更能吸引他们的加入。

伙伴文化

现在的候选人普遍受过良好的教育，视野更加开阔，更加喜欢平等、自由和创造的文化氛围。例如，在谷歌，同事之间都是直呼其名，即使CEO拉里·佩奇的办公桌也跟其他同事别无二致，很多其他知名的优秀企业，也都采取了大量去层级化的管理举措，在职位管理、日常称呼、福利标准、员工关系等方面都体现了伙伴文化，这成为企业吸引候选人的有利条件。

信息共享

信息共享是企业平等尊重文化的重要体现之一，企业的信息共享表现出对员工"主人翁"身份的认同——"因为你属于我们中的一员，所以你有知情权"。企业经营信息的开放可以让员工了解整个团队甚至企业在做什么，做得如何，便于共识组织、团队目标，增强归属感。像谷歌等很多优秀的企业都非常愿意同员工进行信息的共享，这也是吸引候选人加入的重要因素。

鼓励发声

对于成长于互联网时代的年轻员工们来说，意见表达是他们最为珍视也是最惯用的权利，他们敢于发声，也敢于提出新的建议。对于新加入职场的年轻人，如果创造了条件，能够让企业不同的人听到他的声音，那么他不仅感受到被关注，同时也会减少因为信息不对称给企业带来的负面评价和影响。

鼓励发声的企业文化，某种程度上既契合了年轻人的表达欲望，也避免团队进入"沉默的螺旋"。企业具有发声的渠道和鼓励发声的机会，也是吸引候选人加入的一大法宝。

信任授权

在候选人快速成长的过程中，组织赋予他们的工作职责会越来越超越执行的层面，很多工作要做好，需要充分发挥个人的主观能动性，而这种主观能动性依靠组织的强管控是无法有效发挥的，更多需要组织给予相应的授权与信任。

大多数优秀的候选人，他们不甘于自己只做执行机器，他们期望通过独立思考和自主创造去迎接更多的挑战，从而获得更快的提升和成长。营造充分授权的环境，不仅能吸引更优秀的候选人加入，也更能激励他们创造更大的价值。

第四大卖点：高成长性的企业

很多优秀的候选人期望能选择到"潜力股"企业，即具备高成长性的企业。远大的愿景、持续的增长和高战斗力团队构成了候选人心目中高成长性企业的完美画像，也助力企业能够吸引到优秀的人才。

远大的愿景

越优秀的候选人越会被企业的远大愿景所吸引，栽下梧桐树，引得凤凰来，优秀的人才都希望能在有远大愿景的企业中实现自己的抱负。就像谷歌CEO拉里·佩奇不怕互联网同行用高薪来抢优秀应届生，但是害怕只开7万美元年薪的美国航空航天局，因为美国航空航天局的梦想是整个宇宙，这个梦想更大，做的事更好玩，这足以把最优秀的优秀应届生吸引走。

持续的增长

远大愿景的实现需要脚踏实地行动,如果一家企业空有远大愿景,但过往的业绩表现一塌糊涂,也很难不让候选人怀疑这是企业在"画饼"。一家企业过往的持续增长是愿景牵引和脚踏实地行动的佐证,这表现在企业在营业额、利润等关键业绩指标保持的良性增长趋势上,从直观的经营数据表现也可以推断企业在商业模式、运营管理等方面下的功夫。持续的增长代表企业的组织能力和抗风险能力更强,这会极大增强对求职者的吸引力。

高战斗力团队

远大愿景的实现和企业的持续增长都要靠一支具备高战斗力、齐心协力的团队。这样的团队会为了团队目标朝着一致的方向努力,彼此赋能共同成长,最终实现"力出一孔,利出一孔",就像华为提倡的"胜则举杯相庆,败则拼死相救"。这种良性的团队氛围,对候选人的吸引力是巨大的。

同时,优质人才组成的团队不仅能做出令人满意的成绩,还能吸引更多优质人才的加入。优秀的人会相互吸引,优秀的人才喜欢和同样优秀的人一道工作。招聘优秀人才最好的方法就是让候选人知道他将与优秀的人共事,与志同道合的人朝着一个共同的目标努力。谷歌以顶尖的环境和设施而著称,但多数创意精英之所以选择谷歌,并不是看中免费午餐、按摩补贴、绿油油的草坪,以及允许带狗狗进入办公室。他们之所以加入谷歌,是因为想要与顶尖的创意精英共事。

有竞争力的薪酬、3倍速的个人成长、平等尊重的文化及高成长性的企业构成了对人才吸引的关键四大卖点。当然,能否从源头上吸引优秀人才,有竞争力的薪酬是最重要的,薪酬总额越高,对人才的吸引力肯定越大,但在企业实力还有限、薪酬预算有限的情况下,怎样的薪酬结构对候选人的吸引力会更大呢?这值得我们进一步探讨。

薪酬固浮比决定人才段位

常规薪酬结构中通常包括月度固定发放的工资,以及根据条件发放的各项补贴等，还有跟业绩、绩效等完成情况挂钩的提成和绩效奖金。前者可以归为固定工资，后者可以归为浮动工资，根据固定和浮动工资的绝对金额和占比将薪酬结构可细分为 4 类：两者绝对值都低或都高的，包括低固定低浮动的工资、高固定高浮动的工资，两者一高一低的包括低固定高浮动和高固定低浮动。4 类薪酬结构在对人员的吸引力上有明显的差异。

低固定低浮动招不到人才

除了手握大把投资的创业企业，大部分企业在初创阶段都会采用这种薪酬模式。初创阶段的企业，在研发、资源开拓等方面都需要资金的投入，而市场尚未打开，企业能提供的不管是固定还是奖金和提成都不会特别高，所以很多企业在这个阶段为了吸引人才的加入会用授予早期股权的方式。

但以上方式连续使用不能持续两年以上，随着企业度过最初的创业阶段，对人员的薪酬水平要及时进行调整，才能保留住内部人才和吸引外部人才，这种低固定低浮动的薪酬模式从短期来看可以用描绘愿景的方式吸引小部分人，但很快就会失效，一旦过了早期阶段，这种低固定低浮动的薪酬模式是招不到任何人才的。

低固定高浮动招到一般人才

招不到优秀人才的天宏公司

一家信息化企业天宏，技术人员总收入水平比业内一些上市公司都高，但技术人员的薪酬有 30% 是绩效工资，需要进行考核，还有 10% 左右是各种补贴及加班费。每年校园招聘时天宏去高校招人都很难招到优秀的候选人。为了能招到候选人，只能大大降低其录用标准，甚至有挂科的候选人也要！

> 在候选人拿了天宏 offer 又拿了其他同行公司 offer 的情况下，许多候选人都会放弃天宏，反馈都是天宏的薪资虽然说起来总水平不低，但感觉没有保障，而且转正后浮动比例太高。所以天宏很难招到优秀的技术人才，眼看着公司技术团队青黄不接，老板和技术团队负责人很是着急。
>
> 第二年天宏进行了薪酬体系改革，把研发技术人员的各类补贴及加班费都计入固定工资，并且降低了绩效工资比例为 10%。天宏的薪酬水平在市场上瞬间有了竞争力，几个月后的校招收获了比以前多几倍的简历量，而且从中挑选到了足够数量的候选人，其中还有不少专业非常优秀的候选人。

要提升薪酬竞争力和吸引力，除了采用领先市场的薪酬水平，第二个重要的策略就是设置高固定低浮动的薪酬结构。如果一家企业付出的薪酬总水平很高，但薪酬吸引力和竞争力并不强，很可能是薪酬结构出了问题。

德锐咨询在针对不同层级的人员会被哪种薪酬结构所吸引的调研中发现，候选人和 HR 均认为 100% 会被"固定工资行业最高"所吸引，只有老板觉得大部分候选人（72%）会被"浮动工资行业最高"所吸引，如图 3-4 所示。

候选人会首选哪家企业

不同企业	薪酬优势	老板	候选人	HR	总体
A	固定工资行业最高	28%	100%	100%	86%
B	浮动工资（奖金、提成）行业最高	72%	0	0	13%
C	福利行业最高	0	0	0	1%

图 3-4 针对不同层级的人员会被哪种薪酬结构所吸引的调研结果

以上调研结果也能反映出为什么很多企业更倾向于选择高浮动的薪酬结构，即把大部分的薪酬与绩效强挂钩。企业家普遍认为，浮动薪酬占比高可以激励员工为了获得更高的薪酬而努力工作创造业绩，如果员工在当期没有创造高业绩，企业也可不必付出相应的成本。

这样的做法看似公平合理，但对人才的吸引是非常不利的。在过往人才过剩时，市场人才供大于求，低固定也能招到大量的人才，在高提成高奖金的激励下让员工创造出更大的业绩，但随着进入人才供不应求的阶段，企业必须主动出击，才能吸引到人才，原有低固定的薪酬结构也就逐渐失去了竞争力，取而代之的是以高固定的薪酬方式吸引人才。企业以先付的勇气和魄力才能争取到更多优秀的候选人，从而创造出更大的业绩。

高固定低浮动招到优秀人才

腾加公司连续 7 年提升薪酬竞争力之路

近几年，很多客户也会问到，腾加一直保持不错发展的原因是什么？不得不说的是腾加自身的人才体系建设。腾加持续保持对人才的投入，打造出自身稳健人才供应链，人才质量不断升级提档，业务表现屡创新高。

2014 年，腾加提出了"薪酬领先，持续高于同行薪酬水平，让员工比同龄人更早进入中产阶级的精英行列"的目标，希望通过薪酬竞争力的提升吸引更多优秀人才的加入。

2016 年，腾加开始尝试校招，固定月薪定为 6000 元，由于薪酬在市场并无竞争力，同时企业品牌影响力有限，收到的校招简历非常少，当年全军覆没。

2017 年，腾加调整策略，取消交通和电脑两类补助，年底 5 个月年终奖金改为 3 个月，将校招起薪提高至 7000 元，当年吸引到一部分候选人加入，但沟通 offer 后，由于品牌影响力不足，最终求职者被提供差不多薪酬水平的互联网公司抢去。

对此，内部管理团队对是否应该进一步减少福利展开了激烈的争论，支持的一方坚信固定薪酬的增加可以加大校招的吸引力，反对的一方则认为削减福利会降低人才的吸引力。最终，腾加决定进一步精简福利、降低浮动、加大固定薪酬的吸引力。2018 年，年底 3 个月奖金改为 2 个月奖金，进一步加大在校招上的投入，提高校招起薪到 8000 元，校招薪酬在市场上的吸引力逐渐建立，最终校招成功 2 人，事实证明固定薪酬增加的吸引力是远远抵过福利精简削弱的吸引力的。

2019 年，腾加进一步取消餐饮补助，校招起薪调整至 9000 元，市场吸引力进一步增强，校招成功 3 人。

腾加的高薪策略在吸引候选人上的成功，让腾加坚定贯彻了这条道路。2020 年，腾加将年底 2 个月奖金改为 1 个月奖金，同时取消春节、三八节、端午节和中秋节过节费及通信补贴，将校招起薪调整至 11000 元，候选人薪酬竞争力超过行业领先企业。

2021 年，腾加取消 150 元每天出差补贴，将校招起薪调整至 12000 元，候选人吸引力在管理咨询行业凸显竞争力。2022 年，腾加进一步提高候选人固定起薪至 13000 元，薪酬水平由"相对高"向"持续高"迈进。

腾加 2015 年前自主福利繁多、低固定高浮动的薪酬结构及不具备竞争力的固定薪酬，造成对候选人的吸引力不足，通过 8 年的调整，2023 年腾加已实现提高固定工资、选用高固定低浮动的薪酬结构、精简自主福利项，以及薪酬竞争力实现行业领先。

未来，腾加将继续贯彻高竞争力的薪酬策略，每年通过对固定薪酬的提高确保薪酬在同行中的领先性。腾加连续 8 年的管培生薪酬结构变化如图 3-5 所示。

2015年低固定、高浮动、多福利23项	2023年高固定、低浮动、少福利11项
社会保险：五险一金 商业保险：出行意外险 体检、结婚礼金、生子礼金 餐饮补贴、交通补贴、出差补贴 通信补贴、电脑补贴 生日费、亲属丧故礼金 春节、三八节、端午节、中秋节过节费	社会保险：五险一金 商业保险：出行意外险 体检、结婚礼金、生子礼金
项目经理以上人员6年期无息购房贷款30万元	项目经理以上人员2年期无息购房贷款30万元
2015年浮动工资占比33%	2023年浮动工资占比14%
上半年业绩奖（1个月工资） 下半年业绩奖（1个月工资） 全年奖（4个月工资） 商机提成：合同额5%	上半年业绩奖（0.5个月工资） 下半年业绩奖（0.5个月工资） 全年奖（1个月工资）
合伙人年底分红	合伙人年底分红

图 3-5　腾加连续 8 年的管培生薪酬结构变化

这些年来，腾加并没有因为规模小、品牌影响力弱，而不选择高薪，相反，腾加坚定了以高薪来弥补短期内规模和品牌的不足，来吸引优秀人才的方向。因为低薪会造成企业在抢人阶段就失去先发优势，优秀人才的缺失又进一步导致企业竞争力的下降，影响企业的长远发展。

德锐咨询选取了十大代表行业 265 家上市公司作为样本进行研究，针对来自不同行业、不同营收规模和人员规模企业的各层级研究进行了补充调研，收集了 158 份有效数据。通过此次调研数据发现，有 41%的调查对象对"给员工发放高于市场水平的固定薪酬有助于吸引优秀人才加入"这一观点表示"非常同意"，表达"同意"态度的调查对象也占比 46%，如图 3-6 所示。仅仅只有 1%的调查对象对此观点表示出不同意的看法。这一结果集中表明，对于大部分企业而言，采用高固定薪酬更容易招聘到优秀人员。

在薪酬总额一定的情况下，企业通过减少浮动薪酬的占比和淡化福利补贴，采用高固定低浮动的薪酬结构，能加大薪酬的竞争力，从而增强人才的吸引力。这主要是由于以下三方面原因导致的。

（1）高固定的保障性。固定薪酬偏保障性，而浮动薪酬更偏激励性。从马斯洛需求层次来看，大家会优先选择满足基本保障，才会考虑更高的激励需求，尤其对中基层的候选人，薪酬水平本来就不高，更需要通过高固定薪酬来保障自己的基本生活。

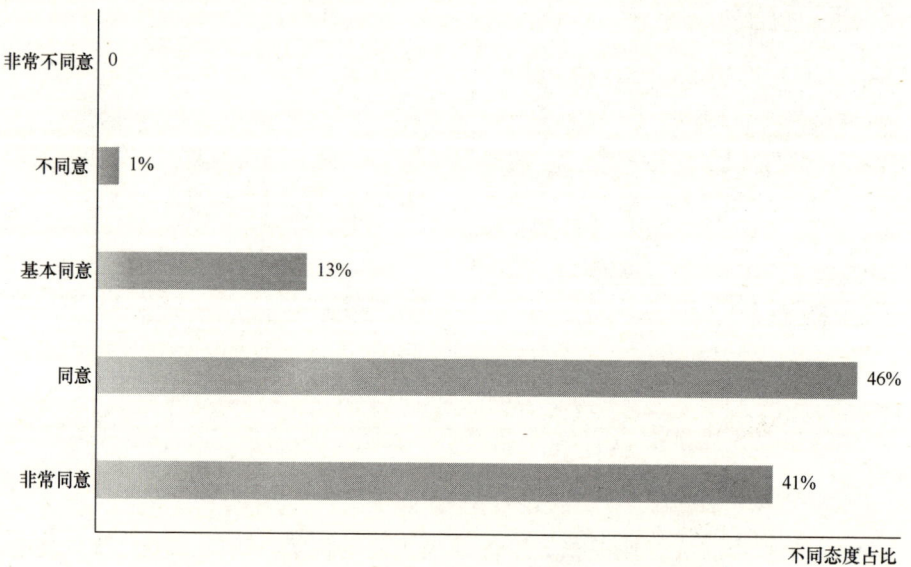

图3-6　高固定薪酬对招聘优秀人才影响的调查分布

（2）高固定的安全感。同时，候选人在不了解企业内部的实际情况时，与企业没有信任的基础，企业对他们的吸引会更多源自薪酬总额及作为保障部分的固定薪酬水平，相比不一定能到手的浮动薪酬，候选人更看重能稳定到手的月度固定薪酬。员工对于获得高浮动薪酬的预期一般较小，也不会把未来并不完全确定的收入提前看作已经得到的收入，因此低固定薪酬带来的不确定性和不安全感对于人才的引进是不利的。

（3）部分浮动的不必要性。此外，福利补贴属于锦上添花的事情，对求职者的感知并不强，员工不会因为企业在节日有几百元的福利选择加入企业，而会因为高固定薪酬而选择这家企业。

此外，高固定薪酬也不等于"全固定"薪酬，高固定也是"相对地高"，只要与外部相比，固定部分的薪酬具有竞争力，就可以达到较好的激励效果。在企业的实际运行中，可以将现有的一些不必要的浮动补贴放入固定薪酬，让原本就被支出的成本更能被员工显性化地看到，加大薪酬的竞争力。

企业的管理层大部分是通过培养或选拔出来的，中基层人员是招聘的重点。高固定的薪酬结构对中基层的吸引力也会更大。因为中基层员工所处的岗位一般并非核心关键岗位，对多数企业而言，这类层级的岗位需求量大，而总薪酬水平都难以达到一个绝对的领先水平，这部分人员会更加看重薪酬的保障性和带来的安全感，因此，在已有的薪酬总额下，采取高固定薪酬结构显然更易招到人。高固定薪酬对不同层级的影响分布如图3-7所示。

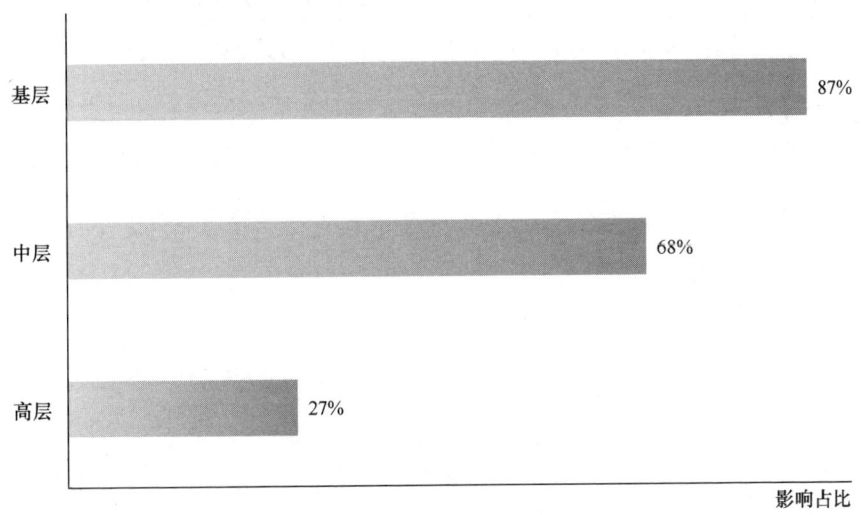

图3-7　高固定薪酬对不同层级的影响分布

➡ 高固定高浮动招到顶尖人才

如果企业经过发展能够进入行业领头羊的位置，那就可以采用"绝对高"——高固定高浮动的薪酬模式了，将企业的薪酬水平提高到行业薪酬冠军的位置。这个阶段，企业的薪酬水平已经能根据企业想实现的愿景、想成为的标准来定，而不仅是对标行业内的其他竞争对手了。薪酬的领先带来人才的领先，人才的领先又带来产品和服务的领先，最终进一步巩固了企业领先的收益和地位。

华为用顶尖工资吸引顶尖人才

2019年6月,任正非签署了一份内部文件,"天才少年"招聘计划第一次被大家熟知。任正非表示,要打赢未来的技术与商业战争,首先要用顶级薪酬吸引顶尖人才,华为将从全世界招进20~30名"天才少年",并且逐年增加。"天才少年"的工资共分3档,其中最高年薪可达201万元。加入华为之后,华为将为"天才少年"兑现3个承诺,支持解决世界级挑战性课题,提供大牛导师、全球化的视野、平台和资源,以及5倍+的薪酬。

除了"天才少年",从华为公开的数据来看,在2015—2021年的7年间,华为员工的人均工资、奖金及津贴也都在逐年增加,从2015年的47万元增加到2021年的70多万元,薪酬已基本达到世界级水准,比肩苹果、谷歌、原Facebook(现为Meta)等。在国内,华为因为员工薪酬高,也一直被视为"别人家的公司"。华为2012—2021年人均工资、奖金及津贴如图3-8所示。

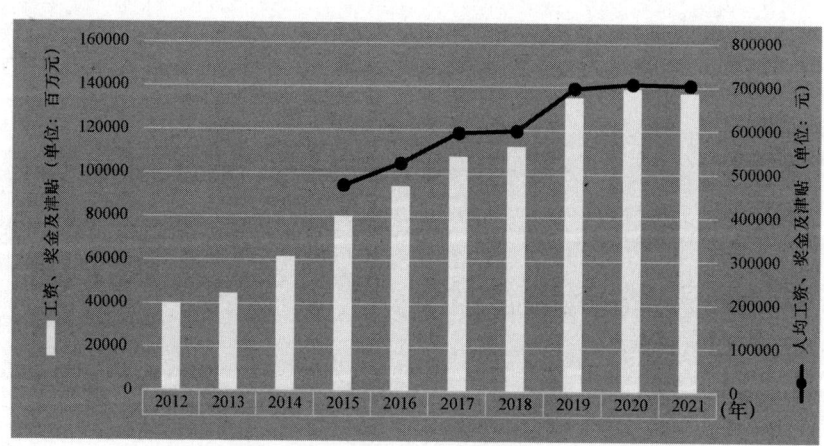

图3-8 华为2012—2021年人均工资、奖金及津贴

其实在华为的"撒钱"模式背后,是任正非独特的人才观。任正非在一次内部讲话中提道:工作最主要的目的之一,就是获取财富,"懂得给钱"才是最有效的激励方式。

华为员工说，玻璃心的人最好不要来华为，因为适应不了。华为的狼性文化，是出了名的。可鲜少有人去批判华为的狠，因为华为从来不给员工画饼。你有多努力，就有多幸运；你有多大的能力，就有多大的回报。

任正非也曾经说过：华为50年内不会上市，因为我们不缺钱，上市都是圈钱的把戏，华为要把所有的利润都分给那些敢于拼搏、为公司奋斗的员工。这就是华为常说的：奋斗者为本，那怎么去做到以奋斗者为本呢？在华为内部的说法就是：价值分配上向奋斗者倾斜，要给火车头加满油。

华为认为可分配的价值，包括组织的权力和经济的利益。在华为，薪酬主要分四块：工资+奖金+TUP（奖励期权激励）分配+虚拟股分红。针对优秀的员工，在固定工资和浮动工资上都会逐年增加，逐步拉大与一般员工的差距。固定工资会随着在华为的贡献增大，基本工资也会水涨船高。对于卓有成效的奋斗者，奖金会远远高于平均的水平，两倍、三倍甚至更高。同时，股票额度会更高，配股速度也会更快。

很多行业内的领先企业，都会像华为一样用顶尖薪酬来吸引顶尖人才，当然对于越高层级的候选人、越关键岗位的候选人用这种高固定高浮动的薪酬模式对企业的意义越大。

由此可见，企业在能提供的薪酬水平有限的情况下，需要用高固定低浮动的薪酬结构来吸引优秀的人才，优秀的人才会给企业创造出更大的价值，帮助企业整体实力的提升。而随着企业综合实力的提升，企业就可以用高固定高浮动的薪酬去吸引顶尖的人才，从而进一步打造和巩固自己的领先地位。

关键发现

> 吸引人才的关键卖点：有竞争力的薪酬、3倍速的个人成长、平等尊重

的文化、高成长性的企业。
- ➢ 4 种薪酬模式对人才的吸引力：高固定高浮动＞高固定低浮动＞低固定高浮动＞低固定低浮动。
- ➢ 高固定高浮动招到顶尖人才、高固定低浮动招到优秀人才、低固定高浮动招到一般人才、低固定低浮动招不到人才。

第 4 章

扩大喇叭口，增加简历量

> 任何一家公司所需要的人才数量，都不会超过市场能提供的并且适合该公司要求的人才数量的千分之一，关键是你能不能把他们吸引到你的公司。
>
> ——李祖滨

⇨ 为什么简历太少、无人可选

人才抢夺战攻势不减

在我们过往的咨询项目经历中，经常遇到一些有趣但仍引人深思的现象。一边是业务部门会抱怨"我们这个岗位半年都没有什么候选人让我面试了""岗位空缺半年了，想要的人一直招不到，上半年业绩明显受影响了"等，另一边是人力资源部也会一脸无奈地吐苦水"我们都已经加班熬夜招聘了，你看大家也很辛苦""现在就是没有简历，简历量太少了"。总之，都是"公说公有理，婆说婆有理"，最后甚至"打官司"到了企业一把手那里。令人遗憾的是，这样的局面并没有得到有效解决，甚至进一步加剧的趋势越发明显。

为什么会简历量少、无人可选呢？有人说是因为人口出生率持续下降，也有人说是人口红利悄悄消失，还有人说是"90 后""00 后"变了。真正的原因是这样吗？出生率下降直接影响的是 20 年后的人才供给量，并不会影响当下的人才选择范围。人口红利的高峰虽过去但并没消失，而且人才红利正在逐渐形成，因为人口红利既要看人口数还要看人才数，即我们常说的数量和质量兼顾。

"90后""00后"对比"70后""80后"更有个性了，但他们仍然属于劳动力人口的定义范畴，只是随着社会发展进步他们的选择更加多元了而已。

那么究竟是什么原因让越来越多的企业感受到无人可选呢？真正的原因是：

（1）越来越多的企业开始重视人才，加入了人才争夺战中。

（2）人才的供给速度跟不上企业对人才需求的增长。

在我们熟悉的优秀企业中，很多早已加入抢人大战中，哪怕新冠疫情这3年来仍然攻势不减。例如，互联网企业腾讯在2020年宣布将在未来5年内投资500亿元人民币用于扩大人才库和技术研发，以加强其在人工智能、云计算和游戏等领域的竞争力。华为在2020年推出了一项名为"开放创新"的计划，旨在吸引全球的优秀人才，共同推动5G和人工智能等领域的创新和发展。小米在2021年推出了一项"未来计划"，旨在招聘全球优秀人才，包括人工智能、智能硬件、云计算和大数据等领域的人才。这些优秀的企业都花费了大量的时间在全球挑选优秀人才，为企业打造持续竞争优势。

这是一场躲不过去的人才争夺战。中国经济从增量转向存量，人才的重要性更加凸显，越来越多的企业认识到只有优秀的人才才是企业立于不败的关键所在。那么在这场争夺战中，我们采取进攻、中立还是防守呢？我们说，既然躲不过，就要正面迎接挑战，否则将会被市场无情淘汰。有这样一段话，可以增强我们招到合适人的信心。

任何一家公司所需要的人才数量，都不会超过市场能提供的并且适合该公司要求的人才数量的千分之一，关键是：

第一，你有没有让所有适合你的人才都知道你的招聘信息？

第二，你有没有足够的吸引力把他们招进公司？

卖不出去的产品和招不到人的岗位

企业长期陷于简历供应稀缺、无人可选的窘迫困境，其实就像企业堆积如山的产品库存卖不出去一样让人熟悉而又惋惜。卖不出去的产品和招不到人的岗位，两者都有共同的特征，具体见表 4-1。

表 4-1 卖不出去的产品和招不到人的岗位

卖不出去的产品	招不到人的岗位
销售渠道单一，许多渠道没有开发	招聘渠道单一，许多渠道没有利用
品牌优势弱，没有进行品牌定位和设计	雇主品牌优势弱，没有雇主品牌定位和设计
品牌推广少，没有有力的品牌推广活动	没有开展雇主品牌推广活动
产品的功能没有领先性	岗位晋升没空间，企业缺乏培养体系
产品的使用没有便捷性	工作氛围压抑，人员关系复杂
产品的价格没有优势	目标岗位薪酬没有竞争力
品牌和市场销售人员不足	专职招聘人员不足

在面对卖不出去的产品时候，我们会想到品牌和市场销售人员配置不足，短期考虑会增加人员来拉动业绩销售。回归到产品本身，可能是定价策略相较于竞争对手没有优势，导致价格敏感度高的客户流失；可能是产品的使用便捷性缺乏，增加客户的使用负担；可能是产品的功能性能落后，不能满足客户对于更重要功能、更高性能的需求。从企业本身而言，可能品牌影响力度弱，品牌定位不够清晰，品牌推广得远远不足，导致无法有效触达客户或快速占领客户心智。另外，触达客户的渠道应该是多元的，而不能依赖单一渠道去销售，渠道与流量并重才能赢得更多的市场机会。

招聘的本质就是营销。产品销售是把产品销售给客户，客户用真金白银采购产品；岗位招聘是把岗位"销售"给候选人，候选人加入企业，用自己的能力和时间来"购买"岗位。当我们尝试突破招聘专业的藩篱，打开视野，跨界用销售思维做招聘，或许突然有一种"拨开云雾见青天"的开阔感。例如，既然面临简历量少、无人可选，那我们的专职招聘人员配备足够吗？是否可以像增加招聘人员一样毫不犹豫地补充招聘人员？是不是敢于提供具有竞争力的薪酬，畅通人才发展通道，打造 3 倍速的人才培养体系？是否投入精力和资源，围绕我们的目标关键人才，精准定位雇主品牌价值并通过不同渠道传播出去了？

总之，用营销思维做招聘的核心就是：用销售的思维去做招聘，用市场思维去做推广。解决招聘中简历太少、无人可选的核心，在于扩大喇叭口，增加简历量。通过德锐咨询多年来项目沉淀经验和研究发现，我们需在专职招聘人员配置、招聘"吸睛式"宣传、招聘渠道扩大方面有所提升。

招聘人员增加3倍

一位优秀的销售人员，无论是以专业知识取胜，还是以人际洞察赢单，都是以拿下目标订单、占据更多的客户荷包份额为核心目标。因此，我们在优秀的销售身上都能看到一股进攻性，无论是直接攻下还是婉转迂回。目标导向是招聘人员同样不可或缺的关键素质，是招聘目标达成的底层驱动能力，因为仅有邀约话术、面试技巧等冰山上的知识和技能，只能决定了招聘的门槛是会不会做，但能否咬定目标、勇于突破则需要来自冰山下的动机素质，最终决定了招聘人员是否愿意、是否持续愿意努力。

过往的管理故事中，经常会有人戏谑：这人不会别的就让他做招聘吧。其实，招聘人员首先要确保是合适的人，是符合招聘岗位需要的人，这是很多企业在招聘团队组建方面容易忽视的关键点。虽然招聘人员的画像容易被忽略也相对更难，但我们发现专职招聘人员的配置仍然是一个令人大跌眼镜的故事。

> **千分之一的招聘人员**
>
> 长宏是一家处于三、四线城市的制造业公司，过去依靠国内市场高速发展的大势，取得了不错的发展成绩。近年来，随着国内市场的逐渐饱和，产品的同质化竞争加剧，长宏的营收开始滑坡，董事长甚至说道："这几年我们就是在赚吆喝，但没赚到钱，利润率比预期的降低不少。"
>
> 董事长召集公司研发、运营、市场、生产等主要部门领导，进行了一场为期3天的封闭性战略研讨会。在洞察外部环境和竞争对手后发现，长宏面

临的机遇仍然存在，甚至还有新的市场和品种等待开发，但是也面临了不少的挑战。结合自身的优势和劣势情况，长宏确定了接下来的 5 年战略路线，核心是进行国际化市场开拓和高端产品的布局。

就在长宏为找到新出路和方向而兴奋的时候，德锐咨询项目组"不忍心"地指出了问题的症结。拓展国际市场需要懂得外语和国际贸易的人才，高端产品的开发需要领先的技术研发人才，这是需要长宏去向市场进行争夺的。但是长宏处于相对较为落后的地区，将近1500人的企业只有1.5人做招聘，而其中的 1 人还是另外一半时间用在行政后勤工作上。可以想象，如果不解决招聘团队力量的问题，长宏的战略实现之路必然步履维艰。

假如你把经营一家企业比作守护一座城池，城墙又高又厚，城门又非常坚实，而唯有西门的城门已成朽木，成为一撞就开的薄弱城门。这时候，你会派怎样的兵力去把守西门？通常情况下，是大将军带着精兵强将守住城墙又高又厚的豪华东门，而把那些偏将、裨将甚至牙将及为数不多的老弱病残派到了最弱但又最难守住的西门。如果用了这样的排兵布阵，这样的城池能守得住吗？

但是，如果一家企业的市场、研发、采购、生产都投入很大精力，最后发现制约的关键都是这些部门的人才供给。解决人才供给的难题，招聘仍是主要的渠道。长期面临简历太少、无人可选薄弱环节，那么是否需要壮大招聘团队、提高招聘团队的能力呢？

我们从优秀的企业身上，找到了明确的答案。越是优秀的企业，越重视对于人才的争夺。在争夺人才方面，他们毫不吝啬于对招聘团队的人员配置，只有足够优秀的、足够数量的招聘人员，才能够寻找到市场优秀的人才，获得更多优秀人才。根据美国旧金山州立大学教授、谷歌的顾问约翰·沙利文的预估，谷歌的员工（含合同工）与招聘专员的比例大约为64∶1。

选择合适的招聘人员，组建力量强大的招聘团队，是开启人才抢夺战的基本动作。具体来说，处于初创期的企业需要精准把握用户需求，创业团队的打造至关重要，更需要一把手、核心创业团队亲自下场，作为首席招聘官吸引到愿意一起创业的人才。当企业进入扩张期的时候，企业面临的用户需求从早期的天使用户、小众需求转变为大众需求，企业需要快速扩张实现规模经济，因此需要配置足够强大的招聘团队。从扩张期进入成熟期，如果企业的人才结构比较合理、员工稳定性较强，则可以考虑保持或适当弱化招聘团队。一旦进入衰退转型期，企业需要重新定义商业模式、构建战略方向，从而需要不同的战略能力支撑，也需要强化招聘团队获取新商业模式和战略方向下的人才需求。总之，企业面临越来越激烈的人才竞争，不能甘于防御、被动落后，根据发展阶段和企业战略需要巩固强化招聘力量，确保企业的人才供给始终处于合理有序状态。

像宣传产品一样宣传招聘

在营销管理领域，由产品（Product）、价格（Price）、渠道（Place）、推广（Promotion）构成的 4P 营销理论颇为经典。产品的营销看重的是内容和渠道，其实招聘宣传的重点也是殊途同归。"产品"本身好不好，功能是否全面、性能是否领先、使用是否便捷、质量是否可靠等，是产品本身的"内容"底色，是市场、研发、采购、生产等高效协同的共同结果。但是，再好的产品也要让客户知道、理解和认可到主动消费，那就离不开精准的品牌形象塑造、有效多元的宣传渠道和清晰高频的推广策略。

构建企业雇主品牌

一份"待售"的岗位，本身要设计好工作的价值、晋升的通道、培养的体系等，才是一份值得期待的"产品"。每家企业、每个产品都会有自己的品牌形象和定位，每份岗位也应该具备自身的品牌号召力即雇主品牌。

品牌的重要性在商业世界得到了充分认知和广泛应用，但在人才抢夺战中的力量还未得到有效发挥。雇主品牌相对产品品牌、商业品牌的作用更加间接，所以更容易被忽略。一般认为产品品牌强大了自然雇主品牌也会发展起来。但是，好的雇主品牌表现为对外可以提升美誉度、降低招聘成本，对内则可以提升员工的忠诚度、降低员工的流失率，从而帮助企业形成稳定、高质量的人才团队，从根本上解决企业核心竞争力问题，自然会带来更多的财务回报。卓越雇主的财务回报率远高于普通雇主的财务回报率。怡安翰威特通过长期研究调查的结果证实：最佳雇主=最佳员工=最佳绩效，即最佳雇主拥有最敬业的员工，而最敬业的员工为企业带来卓越的经营结果。

社会在进步、需求在变化，人才选择的不再仅是工作本身，而是企业能够提供什么样的价值预期。或许你会问"为什么客户会选择我的产品和服务"，那么"人才为什么要选择我，而不是其他企业"则是我们在构建自己的雇主品牌时必须要回答的问题，问题的答案则是雇主品牌的核心内容。

具体来说，企业要清晰界定基于战略和文化的关键人才岗位。针对现有和潜在的关键人才，获取他们的需求和渴望，结合企业发展阶段可以提供的资源和能力，界定经中高层共识出来的、可以满足关键人才的核心诉求的岗位。构建的雇主品牌，其实与商业品牌是高度相互影响、相互成就而又一致的，共同构筑企业的无形品牌资产，帮助企业在商业市场和人才市场实现丰收。

德锐咨询的雇主品牌价值主张

作为一家快速成长的人力资源咨询公司，德锐咨询在过去的招聘过程中也缺乏了雇主品牌的意识。在我们对外招聘的广告中，德锐咨询仅介绍企业概况（内容如表4-2的左列所示）。

这样的企业介绍可谓千篇一律，很难在众多优秀的企业当中脱颖而出，吸引候选人的关注，所以招聘效果一直不太理想。

在一次工作坊中，我们从商业角度思考"客户为什么选择我们的产品服务"，最终得出的答案包括"良好口碑、落地性强、高素质团队、重视研发、持续增长、响应速度快、能提升人效"等。换一个场景，当我们尝试回答"人才为什么选择加入/留在德锐咨询"时候，得到的答案包括"高素质团队、持续增长、高薪酬、3倍速成长、开放平等的氛围"等。经过反复研讨确认，德锐咨询的对外招聘的雇主品牌主张优化为吸引人才的四大理由（如表4-2右列所示）。

自此，德锐咨询在每年的校招活动中都能获取数千份来自优秀院校的硕士毕业生简历，从而提供了优中选优的招聘机会。

表4-2 企业介绍与雇主品牌主张对比

企业介绍	吸引人才的四大理由
德锐咨询成立于2012年，是一家专注于人力资源管理领域，提供管理咨询、管理培训及人才测评服务的领先管理咨询企业。总部在南京，上海有分公司 公司致力于为企业提供人才激励、人才选择、人才培养、组织文化、组织变革等系统性解决方案。客户涵盖制造业、房地产、化工、汽车、医药、金融、互联网等多个重点行业，累计咨询服务八百余家，其中包括《财富》世界500强、中国500强、中国民营500强及众多高成长企业	1. 高于市场水平的薪酬 高固定低浮动的薪酬，没有个人考核，只有团队目标 2. 3倍速的个人成长 每个人都有双导师（专业导师和发展导师），每个人都要经历第1年火箭计划、第2年钻石计划、第3年皇冠计划的培养体系，接受"拔苗助长式"的3倍速培养 3. 平等尊重的双高文化 时时刻刻，信息共享、知识分享，除了不能相互听工资，每季、每月、每周全员都能了解公司的财报信息 4. 高质量快速增长 过去10年公司持续没有停止增长，创下了复合增长率39%的佳绩

经营招聘公众号

营销的思维向来都是眼球在哪儿，哪儿就是流量和机会，就会在哪儿投入广告资源。正如《人才吸铁石》书中所述"雇主品牌宣传的渠道随着营销的发展也经历了一系列的变迁，从线下到线上，从大众到精准，从单一媒体到全网覆盖"。

过去，人们习惯口口相传的信息交流方式，通过发传单、邮件推送、海报、电视等进行营销传播，但是目标精准度不佳、效果也难以明确，相对的营销成本较高。但是，当下社会读报看电视的人越来越少，邮件也都有精准的反垃圾拦截功能，招聘网站更多时候也是在 PC 端才会得到更多浏览。随之变化的是，社交媒体伴随着社交活动的流行而成为品牌传播的重要渠道，尤其是移动互联的迅猛发展带来了移动随时、随地、随身和互联网开放、分享、互动的优势叠加、放大效应。手机端操作便捷性、界面以候选人为中心、提供真实有趣的信息等，而这些恰恰是人才在求职之前的关注点。

试问一下，企业都知道建立自己的商业品牌公众号，向客户、供应商、用户传递企业的经营情况、品牌形象、解决方案等，但是候选人与用户了解的需求是否一样？作为候选人，其实更多关注的是企业经营情况、文化关爱、培养体系、团建活动、福利内容、员工成长故事等，这是他们决定是否"买下"这个岗位的决策依据之一。即使企业没有做这方面的投入和努力，候选人也会想尽办法去了解自己关注的信息，但有时候可能会通过"道听途说"方式获取一些偏离真实的内容，反而会误导候选人的求职决策。德锐咨询微信招聘公众号如图 4-1 所示。

图 4-1　德锐咨询微信招聘公众号

善用新媒体宣传

除了企业面向潜在候选人的微信招聘公众号之外,我们在宣传雇主品牌和招聘需求的时候要更多结合候选人画像进行有效匹配。

例如,我们的候选人普遍特征有以下 3 点:

(1)爱读书、爱分享、爱交流、"好为人师";

(2)严谨,商务风;

(3)知识型,学历通常在本科、硕士以上。

基于上述的画像特征,我们的候选人可能在"小红书""知乎""豆瓣"等一些社交媒体平台上活跃。因此,德锐咨询的雇主品牌宣传优先在这些平台上进行投放。每家企业都有自己的目标候选人,如果对于目标候选人的研究越清晰深入,就能更精准找到自己的宣传阵地。不同目标群体的风格特征与渠道、内容建议如表 4-3 所示。

表 4-3 不同目标群体的风格特征与渠道、内容建议

渠道类型	渠道菜单	渠道风格	目标群体	内容建议
线上	BOSS 直聘	正式	年轻人	企业介绍/JD/图片/工作感受
	猎聘网	正式	中高端	企业介绍/JD/图片/工作感受
	前程无忧	正式	职能类	企业介绍/JD/图片/工作感受
	智联招聘	正式	销售类	企业介绍/JD/图片/工作感受
	校园就业网	活泼	应届生	招聘简章/JD
	高铁广告	商务	商务人士	视频
线下	猎头	正式	中高端	企业介绍/企业优势/用人理念……
	RPO 公司	正式	基层岗位	岗位内容/待遇/工作时间
	内推	不限	内部员工/社交圈	政策/奖励
	招聘会	正式	基层岗位	岗位内容/待遇/工作时间
	校园招聘	活泼	应届生	海报/展架/折页/卡片
	门店广告	正式	附近人群	岗位内容/待遇/工作时间
	社区/街道	正式	附近人群	岗位内容/待遇/工作时间
数字营销	官网	不限	用户/候选人	企业介绍/企业优势/用人理念……
	公众号	正式	HR 从业者/对咨询感兴趣的人	有深度的长文
	微博	八卦	网民/八卦爱好者	爆炸性的标题

(续表)

渠道类型	渠道菜单	渠道风格	目标群体	内容建议
数字营销	抖音	轻松	年轻人/应届生	企业日常剪影/活动剪辑
	头条	正式	客户群体/网民	企业的新闻/公告
	百度	不限	搜索用户	SEO（搜索引擎优化）/SEM（搜索引擎营销）
	360	不限	搜索用户	SEO（搜索引擎优化）/SEM（搜索引擎营销）
	搜狗	不限	搜索用户	SEO（搜索引擎优化）/SEM（搜索引擎营销）
	知乎	深度	求知者/分享者	深度文章分享
	小红书	多元化	尝试者	直观体验分享
	豆瓣	文艺	文青/创作者	书籍读后感
	B站	活泼	年轻人/二次元	音乐/搞笑轻松类

巧用新媒体进行招聘宣传

天星是一家位于山东的高新技术企业，依托研发优势、聚焦专注赛道，成为细分行业的隐形冠军。近10年天星发展速度很快，不断开拓新的业务板块，新兴领域、专业人才缺口较大。在德锐咨询的咨询辅导下，梳理优化后提供了网络招聘、自有渠道、新媒体渠道、内部推荐、行业猎挖五大渠道。其中，新媒体渠道包括抖音、快手、小红书等。

在天星，集团招聘中心负责在小红书等新媒体上进行可视化、故事化等形式创新，从而宣传企业的雇主品牌。例如，某次重要的活动剪影、参观交流图片等会放到小红书上，感兴趣的候选人会认为天星的文化风格、办公场景等比较有趣好玩，就会联系博主并进一步转化成潜在候选人。

有时候，天星会头脑风暴一番，用一些"吸睛"文案成功吸引一波潜在意向候选人，或激发理想，或反差刺激，或真诚质朴，不同的文风映射出不同的企业风格，从而初步匹配文化特质比较相似的潜在候选人。这样的招聘工作比较有趣，不会让招聘的人员乏味，同时也能够起到新媒体传播的效果。

招聘渠道扩大 10 倍

精心编撰的招聘广告发出去，等到心凉仍然候选人寥寥无几，形容望眼欲穿也不为过。扩大喇叭口是一项系统工程，我们明确了价值主张，扩充了招聘队伍，像产品一样宣传招聘，这些仍然不足以吸引更多的人才流量。

在过往的咨询经历中，我们发现很多企业在选取招聘渠道的时候，会受限于招聘经费预算、人才画像冰山上条件过多、行业招聘局限等因素。总之，人才招聘的渠道严重受限，过于单一的渠道导致流量不足，简历过少。因此，我们倡导企业要敢于突破想象，不断扩大丰富招聘渠道的选择。

招聘渠道扩大的第一步，是在于企业招聘岗位画像的科学化。在德锐咨询《人才画像》一书中，提出"拿起人才画像卡，放下岗位说明书"是招聘工作的关键。冰山上的条件设置相对容易考察，但是我们发现过多的冰山上条件反而成为堵住喇叭口的障碍，如：

（1）过高的学历要求；

（2）过窄的专业限制；

（3）过多的经验要求；

（4）过窄的年龄限制；

（5）过重的长相偏好；

（6）不必要的性别限制；

（7）不需要的证书要求；

（8）不可取的地域偏见。

根据"非必要不放、一年内可以培养的不放、优先条件不放、超过 3 条不放"的"四不放原则"进行冰山上条件的重新优化，会帮助企业本身打开招聘的喇叭口，避免过度筛选导致简历太少问题。接下来，就是如何拓展并用好招聘渠道的问题。

在过往数百场的精准选人培训当中,我们都会设置一个环节,请参训的中高层管理者现场研讨"制定一个简历量扩大 3 倍的行动计划"话题。数不清的场次,我们发现每个小组都可以研讨出几十条行动或开拓渠道,最少的也能到十几条的数量。德锐咨询经过总结探索,提供了如表 4-4 所示的 100 个招聘渠道节选清单,并列出了不同渠道的适用招聘场景、渠道本身的特点,可供企业在建设拓展招聘渠道时参考。

表4-4　100个招聘渠道节选清单

序号	渠道类别	适用场景	渠道名称	渠道特点
1	企业自有渠道	皆可	内部推荐	内部员工或其他了解企业情况的人员推荐的人才匹配度更高
2	企业自有渠道	皆可	企业官网	在官网设置人才招聘入口
3	企业自有渠道	皆可	企业微信号	新媒体运营,设置人才招聘入口,或者建立专门的招聘平台
4	企业自有渠道	皆可	企业微博	
5	企业自有渠道	皆可	企业抖音号	
17	招聘网站	皆可	猎聘	侧重于中高端人才招聘,向综合类扩大
18	招聘网站	皆可	智联招聘	侧重于中小企业职能岗位
19	招聘网站	皆可	BOSS直聘	侧重于中小企业职能岗位
20	招聘网站	皆可	前程无忧	综合类招聘平台
21	招聘网站	皆可	拉钩网	互联网
22	招聘网站	校招	应届生求职网	侧重于大学生求职
51	社交媒体平台	皆可	领英	求职 APP:侧重于大学生实习和求职
52	社交媒体平台	皆可	脉脉	求职 APP:职场内容交流社区,有较多互联网企业认证的员工发布内推招聘动态
53	社交媒体平台	社招	和聊	求职 APP:基于实名认证的社交平台
54	社交媒体平台	校招	实习僧	求职 APP:校招、实习僧

(续表)

序号	渠道类别	适用场景	渠道名称	渠道特点
55	社交媒体平台	社招	店长直聘	求职APP：BOSS直聘兄弟产品，服务业和兼职招聘平台
56	社交媒体平台	社招	招财猫直聘	求职APP：58同城、赶集网商家版
69	求职公众号/社群	皆可	CMKT咨询圈公众号	
70	求职公众号/社群	皆可	Offer先生公众号	
71	求职公众号/社群	校招	公众号-实习僧	
72	求职公众号/社群	校招	刺猬实习公众号	
73	求职公众号/社群	校招	管培圈公众号	
74	求职公众号/社群	校招	世界500强招聘公众号	
75	求职公众号/社群	校招	爱思益公众号	
76	求职公众号/社群	校招	职业蛙公众号	
77	求职公众号/社群	校招	校招薪水公众号	
78	求职公众号/社群	校招	求职奶爸公众号	
95	线下渠道	社招	同业协会	有较多潜在候选人聚集
96	线下渠道	社招	行业会议	有较多潜在候选人聚集
97	线下渠道	社招	劳务中介	与劳务中介合作
98	线下渠道	社招	猎头	与专业猎头合作
99	线下渠道	皆可	传单	
100	线下渠道	皆可	地铁/机场/高铁广告	

在众多的渠道当中，有些渠道成本较低、成效较好可以更加关注，而这些渠道本身容易被忽略，或者说干脆没有找到更加有效的使用方法。

全员内推

随着企业用人需求增加、用人标准升级、用人领域拓展，外部人才抢夺战的激烈竞争，单纯依靠有限的招聘兵力投入、外部招聘渠道不一定能及时、准确满足用人需求。

内推是一项低投入、高回报的招聘活动。通过内部员工的连接，确保企业的招聘需求通过人脉圈层传播，就像投入池塘中的一块小石头产生一圈又一圈的涟漪，不断向更大范围辐射。因此，内推活动可以扩大企业招聘需求的辐射面，正如领英网站基于六度人脉理论，对于人脉的1到3度划分，内部员工作为任何一个连接点都可以编织起来一张巨大的人际网，也是企业招聘渠道的触点。另外，内部员工推荐的过程，是基于对企业文化与业务特征、被推荐人的品德作风与能力水平的双向理解匹配，所以推荐本身也是简历的一轮筛选，提高了企业找人和人找企业的效率。按照行业通用的猎头招聘费用标准，一般是在目标招聘岗位年薪的 15%～25%。如果企业敢于用 10%～15%的标准激励内部推荐，最终结果也是经济的、有效的。

内推的优势确实很多，那为什么现实中大家没有很好地用起来呢？根据我们过往咨询经历中来看，并非内推本身不好用，而是很多企业或招聘人员在招聘过程中对于内推有误解或不恰当的使用。

误区 1：内推会导致"裙带关系"

内推天然带着人际关系的属性，这也是内推渠道本身的客观特征所在。但是，我们遇到一些企业高层反馈，内推可能会导致一些不合适的"七大姑八大姨"进入企业，导致管理上潜在的风险和被动局面。之所以会有这样的困惑，是"风险损失厌恶"心理带来的认知偏差，担心会出错或潜在风险而拒绝了本该享有的机会。

如何从招聘管理上入手，最小化内推带来的潜在风险问题呢？一方面，企业内部发布岗位要清晰界定招聘需求，而不是模糊的招聘想法，让推荐人和被推荐人都能获得明确的人才界定要求；另一方面，招聘的核心流程仍然要坚持，不会因为内推关系而放弃一些关键的面试筛选环节或放松面试要求。只要企业树立"内推不是内定"的核心原则，并身体力行就可以把内推的负面作用最小化。

误区 2：只让管理者内推

群众的力量是巨大的。部分企业在发布内推消息的时候，显得不敢于公开或不自然，要么是担心推荐了不合适的人，要么是顾虑推荐不到合适的人，最终的招聘需求只局限在少数管理者的知晓范围内。

一方面，招聘人员忽略了人际关系价值，认为只有管理层才能连接到更多或更优秀的人才，但是全员的连接范围肯定会大于管理者群体本身的。另一方面，只让管理者内推的前提是，管理者是具有先公后私的段位，始终围绕着企业的核心战略目标实现而广荐人才，而不是担心自己的地位和利益受到影响。因此，企业的内推应该面向全员开展，在保证质量的前提下尽可能扩大范围。

误区3：按部就班、悄摸进行

内推是需要发挥员工热情的。但是，往往在内推工作中，既有推荐人也有被推荐人的不好体验，导致内推活动不可持续。例如，内推的招聘流程完全同质化，并没有在千百份简历中获得及时关注机会，推荐人和被推荐人都没有得到及时有效的过程反馈，推进过程就像"黑箱子"一样捉摸不透，等下一个环节的通知发出的时候被推荐人已经拿到了其他心仪的 offer。对于内推渠道"按部就班"的招聘方式，反映了对于优秀人才的争夺缺乏进攻性和敬畏心问题。

如何做好内推呢？我们认为重在提升内推工作体验感和仪式感。在体验感方面，企业要真正重视内推渠道，内推的简历要优先、及时纳入招聘程序，获得更快的响应和面试安排。另外，信息的透明公开非常重要，无论是招聘阶段推进的反馈，还是面试结果通过与否的缘由，都应该及时明确传递给推荐人和被推荐人，而且告知不能通过的缘由可以让后续的内推工作更加精准。

仪式感会催发人的投入意愿。如果企业希望广纳人才，让更多人知道推荐人才是被企业认可和鼓励。同样是支付了推荐费用，用心的人力资源管理者会让员工感受到被重视，例如，在公开的表彰会议上获得精美礼品、证书和激励金；但有些企业在奖励推荐的安排上，支支吾吾、躲躲藏藏地进行，让原本可以影响更多人参与进来的事情价值弱化。

> **充满仪式感的公开表彰**
>
> 新东方在教育培训行业属于优秀企业，是家喻户晓的品牌。面临行业"双减"政策冲击，新东方一度捐赠、变卖资产，让人觉得这是一家即将覆灭的企业。
>
> 然而，新东方做了一个漂亮的转型，通过"知识+产品"直播在眼花缭

乱的直播市场中快速出圈。新东方转型尚且谈不上真正的成功，但是顺利渡过行业危机本身就是一种成功。其实，新东方的成功离不开一群优秀的人才。而回顾过往，我们发现新东方在全员内推方面做得非常用心。

在新东方，会有独特而又细致的"内推表彰会"，既有月度的也有半年度的，每次都是专场策划安排。"想荐你，只想荐你；未来过去，我只想荐你"成为新东方的内推经典标语。每次的表彰会上，推荐人会被评选为"金牌伯乐"获得丰富的奖品和奖金，奖品包括飞利浦吸尘器、DW 手表、多功能早餐机等，而且也会做自己的内推经验分享，让更多人掌握内推的诀窍。同时，人力资源部门也会在会上分享公司的内推渠道和政策，让更多人知道和了解内推的价值与方法。

校园招聘

在我们接触的不少企业当中，容易对校园招聘的候选人存在一种天然的偏见或排斥：校招是 HR 做做就行、主要连接一下学校、只盯着顶级院校看、中小公司不适合校招、来了不能马上出活、教会徒弟饿死师傅、翅膀硬了就飞了等。另一边的情形是，社会招聘的人不敢信任，或者很难及时招聘到合适的、足够的社会人才，内部的人才流动导致企业人才缺乏一个健康的梯队，企业的经营明显已经陷入被动和风险中。正如 *Dead Aid* 一书中描述的："种一棵树最好的时间是十年前，其次是现在。"企业当下的人才梯队被动之中，往往是校园招聘的投入不足，导致企业的经营是建立在"雇佣兵"输血的基础上，随时面临不稳定的威胁。

"世上无难事，只怕有心人。"一场成功的校招活动，首先，离不开精心策划与实施。例如，在招聘策略上，处于发展过程中的中小企业不能把目光仅停留在一流名校的人才上。相对中小企业而言一流名校的毕业生薪酬成本更高、有人才稳定性不足通病，但普通院校中的顶尖学生相对而言更加谦逊、努力，所以普通院校的顶尖学生更应成为中小企业的首选。其次，招聘的活动需要搭建"梦之队",在首席宣讲官、文案与宣传、校园连接等方面都要抽调精兵强将,确保每场校招活动都是精彩的演绎。最后,随着新生代群体的崛起,社交模式、移动互联等新的沟通交流方式在年轻人当中火热,校招的战场也不再局限于校园线下展台或宣讲会,校招直播、空中宣讲会等方式都会带来不同的体验和效率。当然,校招的成功不仅是以上几步就可以的,沃尔玛在过往的校招过程中总结出了"校招五最",而每家企业都可以在过程中不断摸索和创新,找到最符合自己企业需要的校招体系。

沃尔玛"校招五最"

沃尔玛作为连续多年位居世界 500 强首位的优秀零售企业,在校招方面摸索的"校招五最"独具特色。

"最零售"。把商场搬进校园,打造"小型沃尔玛",吸引同学沉浸式体验未来工作场景,让同学身临其境地了解零售行业最真实状态。

"最独特"。校园招聘宣讲会的主战场一般都在校园内部进行,但是沃尔玛会把宣讲会安排在商场内部,或者邀请同学参加沃尔玛的会员店开放日,通过"逛+吃"沉浸式体验企业氛围。

"最智能"。通过领先的供应链体系能力,打造了全渠道购物方式,给候选人带来了线上线下的多元化购物服务体验,向同学传递零售业也是科技化、智能化的、数字化的行业,而不是传统的低端零售概念。

"最趣味"。一般的面试流程会带给候选人压力,导致面试发挥不佳。沃尔玛采用全新的面试体验,如踩报纸、叠卡片等游戏的方式,消除候选人的紧张感。

"最大咖"。注重校招人才培养的沃尔玛,会经常在校招宣讲会现场邀请从管培生晋升到副总以上的高级别管理人员,作为校招宣讲的主要嘉宾,以自己的真实体验与毕业生面对面交流,在聆听有趣的成长故事同时激发出对于沃尔玛工作的向往。

离职回流

在销售管理过程中,企业的客户商机或线索由于流失会进入公海池。为了深度挖掘和持续连接转化,部分销售仍然会进行分析匹配,针对有潜力的流失客户仍然保持黏性,并在适当的时机使之成为重新合作的客户。

其实在企业的离职管理过程中,很多优秀企业对离开的优秀人才保持热忱和开放胸怀,时刻关心他们的一举一动并在合适的时机下重新建立雇佣关系。离职人员回流,比相对雇用新人具有以下3个优势。

优势1:企业再次雇用离职员工的成本仅为前者的一半左右,《财富》世界500强企业平均每年为此节约1200万美元。

优势2:在投入工作后的第一个季度,生产率比新人高出40%左右。

优势3:离职回流的员工文化融入更快,稳定倾向更高。

海内外很多优秀的企业都很重视离职回流管理。全球知名咨询公司贝恩咨询专门设立了旧雇员关系管理主管,并建立前雇员关系数据库,内容不仅包括他们的职业生涯变化信息,甚至包括他们的结婚生子等细节。在贝恩离职的会被称作"校友",通过创建"校友网络"并邀请他们参加公司的各种活动,帮助他们尽可能在职业生涯中获得更大成就。

蛰伏数年的奇瑞汽车掌舵者尹同跃振臂一呼,2018年开始奇瑞人才加速回流,如从合众汽车重新回归奇瑞,出任奇瑞汽车股份有限公司总经理助理、星途营销中心总经理黄招根;兜兜转转数家主机厂,从蓝图汽车回归的贾守平出任奇瑞新能源营销中心总经理一职等。知名纺织企业广东溢达在2019年前7个月入职员工1746人,其中回流重雇员工数为502人,占入职比例为29%。类似的企业不胜枚举,作为拓宽招聘渠道的方式之一,企业要敢于敞开胸怀,积极感召吸引优秀离职员工回流。

3R 式招聘加速回流

众所周知,沃尔玛在成本管理方面的意识是领先的。每家门店几乎没有招聘预算,那么如何确保门店人员的到位率呢?他们用的方式就是 3R 招聘,分别是推荐(Referrer)、搜寻(Research)、重聘(Rehire)。其中,推荐就属于前文提到的全员内推,搜寻是指招聘人员会主动到竞争对手、上下游供应商、客户等各个地方,主动出击寻找目标候选人。

沃尔玛非常重视离职员工,有句话叫作"即使你不能成为我的员工,但是也可以成为我的顾客"。当沃尔玛员工离职的时候,HR 马上会把离职员工邀请进入"离职群"。群内氛围是热情活跃的,刚离职的人进来会受到热烈的欢迎:"恭喜 XX 毕业了"。虽然员工事实上已经离开沃尔玛了,但仍然感到在一起。在"离职群"里,公司和离开的员工都能感受到明显的价值。

(1)群主会实时发布一些沃尔玛新的动态信息,让离职员工都能动态了解这家公司。

(2)群内伙伴可以相互学习、信息共享。既可以发布需求信息,毕业的"同学"也可以相互响应、相互帮助。

(3)当沃尔玛有招聘需求时会发布在群内,那么离职的员工可以把需求推荐给自己的亲友,也可以根据自己的兴趣需要申请重新应聘。通过这样的方式,每年都可以为沃尔玛节约一笔可观的招聘费用。

关键词搜索

HR 在既有的招聘渠道下,搜索简历过程中习惯性按照岗位名称进行检索,得到的简历量相对较少或局限性比较大,尤其是在新兴稀缺岗位的搜索上更加不理想,往往很难取得有效收获。为什么会这样呢?一方面,外部企业岗位的名称和称呼和企业内部的叫法有偏差,如果仅按照企业内部的岗位名称搜索,就会产生信息的相互偏离,自然得到的简历量就相对较少,本质上这是典型的"拿来主义"和偷懒思维。另一方面,我们在放宽冰山上条件的时候,目标岗位对应的外部潜在候选人可能会处于不同行业、不同区域、不同部门、不同岗位,所以按照单一岗位名称搜索就像一只破洞的渔网一样错失人才。

过去,我们在招聘过程中局限于用岗位本身搜索简历,如"管理咨询""咨询""人力资源管理""企业管理"等。经过数年的招聘旅程,我们出现了"人才荒"困局,一度以为我们搜索过了当地市场的全部人选。但是,我们是不是掘地三尺、再无收获了?经过一次头脑风暴后,我们找到了解决办法。根据候选人画像进行拆词,通过不同性质的关键词扩大搜索范围,收获更多的简历。例如,根据咨询顾问画像,我们在简历搜索过程中建立了关键词库,包括岗位名称类、职责内容类、目标公司名称类、底层素质类、附加身份类五大类共计50多条搜索关键词,从而大大拓展了我们的简历获取范围。

其中,岗位名称类,我们的搜索关键词有管理咨询、人力资源、企业管理、HRBP、招聘、培训、绩效、薪酬、员工关系……

职责内容类,关键词有战略研讨、人才盘点、任职资格、组织变革、企业大学、人才地图、流程优化……

目标公司类包括咨询类的国内外企业、全球知名的优秀企业等;

底层素质类关键词包括沟通能力、推动能力、研究能力、谈判能力、学习能力、总结归纳能力、文字能力……

附加身份类关键词包括学生会主席/副主席、团支书、班长/副班长、社团主席/部长、研究生会主席、优秀员工……

▷ 关键发现

> ➢ 任何一家公司所需要的人才数量,都不会超过市场能提供的并且适合该公司要求的人才数量的千分之一,关键是你能不能把他们吸引到你的公司。

精准选人
提升企业利润的关键（第2版）

- 卖不出去的产品和招不到人的岗位，两者都有共同的特征。
- 用市场运营的思维做招聘，用市场推广的思维做推广。
- 招聘人员首先要确保是合适的人，是符合招聘岗位需要的人，这是很多企业在招聘团队组建方面容易忽视的关键点。
- 构建的雇主品牌，其实与商业品牌是高度相互影响、相互成就而又一致的，共同构筑企业的无形品牌资产，帮助企业在商业市场和人才市场实现丰收。
- 内推是一项低投入、高回报的招聘活动。
- 推荐本身也是简历的一轮筛选，提高了企业找人和人找企业的效率。

第 5 章

构建精准人才画像

> 人才可遇不可求。人才的鉴别,不能单凭外表,人才效应不能急功近利,领导者不能操之过急。
>
> ——松下幸之助

人才画像的概念最早来源于美国交互设计之父艾伦·库伯的用户画像。早期的人才画像被应用于对目标岗位的深度分析,这使得人才寻访效率大大提高,猎头领域的应用将人才画像的概念第一次传播进企业界。

苹果公司创始人史蒂夫·乔布斯曾指出:"我花了半辈子时间才充分认识到人才的价值,过去我认为一名出色的人才能顶两名平庸的员工,现在我认为能顶50名。"很多企业家逐步认识到出色人才对企业的业绩和利润的贡献,所以企业中的关键岗位由关键人才担任,他们对企业的战略目标起着主要的支撑作用。

➡ 招聘工作,画像在先

你不知道的顶级销售人员的七大性格特征

当你面试一位善于表达、口齿伶俐、外向合群的候选人时,在面试后会做出"也许你适合做销售"的结论。因为在印象中,销售人员通常被认为是外向、爱出风头和表现的人。他们喜欢与人交往,并在社交场合中能够吸引注意力。当他们对某个事情感兴趣时,会全身心地投入其中,展现出高度的热情和动力。他们通常是任务导向的,注重实现销售目标并努力追求成功。

而事实上这样的候选人能把销售做好吗？如果你征询一位极其成功的销售员"是什么让你脱颖而出？"，或许你得不到一个满意的答案，因为，那些成功的销售员只是很自然地做着他们所面对的事情，他们无法给出准确的答案。

斯蒂夫·W.马丁在南加州马歇尔商学院讲授销售策略。他做了一个样本量为1000人的顶级销售员测试，总结出了他们身上共同的七大性格特征。

（1）谦逊。91%的顶级销售人员拥有中高程度的谦逊和稳重。他们更注重与他人的和谐相处，以及保持平稳的态度。这种谦逊的品质有助于建立信任，以及与客户建立长期的合作关系。

（2）尽责。85%的顶级销售人员高度尽责。他们有强烈的尽责意识，对待工作极其严谨，对待结果高度负责。

（3）目标定位。84%的销售人员在这一项得分颇高。他们坚持自己的目标，并不断将执行情况与目标进行对比以激励自己。

（4）有好奇心。82%的顶级销售人员都拥有极强的好奇心，对于知识和信息展现出强烈的渴望。

（5）不合群。这些顶级销售人员比普通销售人员的合群性平均低了30%，这令人惊奇。

（6）不气馁。只有不到10%的顶级销售人员容易气馁、经常被消极情绪打倒。相对地，90%的顶级销售人员的消极情绪非常罕见。

（7）缺少自觉意识。高度的自觉意识会导致人非常容易陷入困窘、尴尬和害羞，甚至自我压抑。而只有不到5%的顶级销售人员有高度的自觉意识。

（资料来源：人民网）

斯蒂夫·W.马丁教授研究得出的顶级销售人员的七大性格特征，如谦逊、有好奇心和不合群与我们一直认为的销售人员的性格特征存在较大的差异。我们通常认为顶级销售人员应该具有能言善辩、外向和合群的特征，所以如果我们不对优秀销售人员做出清晰的画像，而只是凭借我们认为的标准选择销售人员，那么结果可想而知，选择的一定不是顶级的销售人员，而且找到绩优的销售人员的概率是极低的。顶级销售人员的特征如表5-1所示。

表5-1 顶级销售人员的特征

印象中销售人员的画像	顶级销售人员的画像
外向、爱出风头和表现	91%拥有谦逊和稳重
对感兴趣的事情会投入	85%高度尽责、严谨可靠
任务导向	84%目标定位高，自我激励
有好奇心	82%有极强的好奇心
合群、喜欢人多的氛围	比普通销售员合群性低30%
容易气馁，情绪化	90%的有韧性、积极情绪
自我意识强，易压抑、困窘	缺少自觉意识

任正非曾经说过一句话：当你用一个人的时候，先别管这个人强还是不强，你要告诉我你究竟让他做什么，也就是说他的能力是否与你想让他做的事情匹配。以我对中国企业的观察，大多数企业并没有充分考虑这个问题。某些岗位的人才即使某方面才华出众，却有"英雄无用武之地"之感。

企业选人之所以经常出现遇人不淑的现象，归根到底是企业没有想清楚需要什么样的人。候选人来求职时通常都希望得到这份工作，所以会竭尽所能自我展现，想方设法地博得面试官的青睐。基于这种心态，难免会有人为了被录用而选择夸大事实甚至造假，没有基于岗位要求的清晰标准，面试官很容易感情用事，产生误判。

人才画像就像企业招聘的一把尺子，能够准确衡量出候选人和企业岗位要求的素质的差距，为企业筛选出所需的合适人才。画像越清晰，找人越精准。如果人才画像是错误的，那么即使站在你面前的是优秀的候选人，你也会做出错误的用人决策。只有以人才画像为基础，对比应聘人员与人才画像的差距，才能做出正确的录用决策。

➡️ 放宽冰山上

候选人说：找工作好难！

企业家说：招人好难！

人才与企业未能匹配，往往是由于企业过度强调冰山上的条件。过高的学历、过窄的专业限制、过多的经验要求、过窄的年龄限制、过重的长相偏好、不必要的性别限制、不需要的证书要求、不可取的地域偏见这堵住喇叭口的 8 项障碍从一开始就会使很多优秀人才被拒之门外，导致企业后续可选择的空间很小。

> **不可能完成的校招任务**
>
> 安宁集团是南昌一家集产品自开发、自运营、自有供应链于一体的互联网电商公司。经过十余年的发展，公司已初具规模。随着公司业务的不断铺开，老板在当年的校招中提出过这样的需求：公司要快速发展，明年需要招 30 名 985 大学生作为管培生。
>
> 为此公司人力资源部付出了大量的精力，举办多场校招空宣活动，却收效甚微。
>
> 开始合作后，我们帮助安宁集团的人力资源部做了这样的数据分析：
>
> 从整体数量来看，全国每年约有 39 万名至 78 万名应届 985 毕业生，看似庞大，但经过统计发现，其中仅有 40% 考虑就业。
>
> 从地缘因素来看，江西没有 985 高校，参考江西南昌附近最近的 3 所 985 大学以往就业数据，每年选择江西就业的毕业生只有 400 人，其中江西籍的不足百人。
>
> 从过往招聘数据来看，附近 3 所 985 就职招录比仅为 3%～4%，想要实现 30 名的目标，需要 9000 份简历。
>
> 不足百人 vs 9000 份简历，这显然是个不可能完成的任务。

借助数据说话，我们最终成功说服了安宁集团的老板，放宽985这一不必要的冰山上条件，扩大可选范围。最终成功帮安宁集团招满了30名优秀的管培生。经过这次校招，安宁集团老板深刻意识到，原来找对合适的人并不难，"痛苦"了这么久，竟是因为一条"过高"的冰山上条件！

与该公司相似，许多公司在形成人才画像时都会存在冰山上条件设置过多、过严的问题。我们总是强调"放宽冰山上"，"冰山上"的硬性指标如何设置才能既合理扩大候选人范围，避免潜在合适候选人在一开始就被筛选掉，又防止大量不合适的人进入呢？

放宽冰山上的4项原则

德锐咨询总结了放宽冰山上的4项原则，即非必要不放、一年内可以培养的不放、优先条件不放，以及超过3条不放。

非必要不放

设置冰山上的条件时，不是要"面面俱到"，而是要"择必要设置"，以"最低、必要、门槛"的角度考量所设置的条件。判断是否"必要"的唯一标准是："如果不具备这个条件，候选人能不能做这个工作，以及能不能做好这项工作。"如果答案是"能"，那么这个条件就不是必要条件，无须纳入。

一年内可以培养的不放

现实中，由于不同企业在运作模式、工作方法、业务流程等方面存在差异，员工需要一定的培养期和适应期也无可厚非。

企业需要考虑的是，在本企业内部哪些知识和技能在一年之内是较难培养和提升的，但对做好该项工作又是必要的，这些知识和技能就可以作为冰山上的条件，反之就不必被纳入。

优先条件不放

在招聘网站上，经常看到一些招聘岗位有一些优先条件，如具有某行业背景优先、某从业经验优先、硕士毕业优先，既是"优先"，就不是门槛性条件，这样的优先条件不必纳入到冰山上。

我们建议将对"优先"条件的考察后置，用于"优中选优"，在面试环节结束后，若有几位表现相近的候选人，都满足岗位要求，但仅有少量录取名额的时候，可以选择按照优先条件录取。

超过3条不放

根据多年的咨询服务经验，超过 3 条的硬性指标将会极大地缩小招聘的喇叭口，使用门槛条件已经筛选去掉了 90%以上的候选人，增加了后续选人的难度，因此，选择最必要的门槛性条件，上限数量为3条。

当冰山上的条件超过 3 条时，企业可以重复上述步骤，反复思考：如果不具备这个条件，候选人能不能做这个工作？能不能做好这项工作？这项技能企业能否在一年内培养出来？以帮助判断这些条件是否必要。

但如果企业想要招聘某类特殊人才，冰山上的条件超过了 3 条，那企业必须提高自身的人才吸引力，用高于市场的薪资水平、更好的发展平台或机会等措施来弥补满足条件候选人数量较少的不足。

放宽 ≠ 放弃

放宽是为了吸引更多的人，增强企业的主动选择权利，在更大范围内找到最合适的人。但放宽冰山上，并不意味着降低选人标准。因此，我们不能僵化地坚持冰山上，除了参考 4 项原则，冰山上的尺度设置拿捏不准时，以下 3 个角度可以帮助判断。

参考行业内/团队内优秀员工目前整体水平

例如：要不要设置本科及以上学历的要求？

如果当前企业/当前岗位绝大多数都是本科及以上学历，冰山上可以设置"本科及以上"要求。

例如：要不要设置医药相关专业作为销售岗位的要求？

如果医药企业内做得最好的销售并不是医药相关专业毕业，则没有必要设置"医药相关专业"作为冰山上条件。

参考岗位本身工作内容及未来发展的定位

例如：招聘管培生作为储备人才重点培养时，冰山上可以提出更高的要求。

例如：仅招聘重复性高、偏执行工作的基层岗位时，没有必要设置过多的冰山上条件。

参考当地的人才池和薪酬竞争力水平

例如：企业薪酬达到当地市场 90 分位水平时，冰山上可以提出更高的要求。

例如：当地 985 高校数量少且毕业生当地就业意愿低时，没有必要设置"985 高校毕业"作为冰山上条件。

放宽不等于放弃，无限制的放宽会导致大量不合适的简历进入企业，降低企业的招聘效率，那么对"宽窄"的尺度把握就需要企业结合招聘现状和市场环境重点关注。

善用降级招聘

对于企业来说，放宽冰山上标准的另一技巧是"降级招聘"。所谓降级招聘，就是当企业需要选择一位可以给 10000 元岗位工资的人时，并不是在目前薪资水平是 8000～10000 元的人群中挑选，而是从目前薪资水平是 5000～7000 元的人群中选择。

试想，你需要招聘一位月薪 10000 元的经理，目前市场上月薪 10000 元或更高的优秀经理，应该是不会选择跳槽来你的企业的。而那些稍稍差一点点的如月薪在 8000 元或 9000 元的经理，往往对 10000 元薪酬的满意度也不高。从人的心理来讲，普遍的观念是，跳槽会伴随着一定幅度的工资上涨，如果候选人原本达到 8000 元的薪酬水平，那么跳槽后涨到 10000 元是在其预期范围内的。同时，不乏其他竞争对手企业也能给到相应的薪资水平。所以，他们并不感激薪酬涨幅，反而会觉得理所应当，甚至在外部市场能提供更好的回报时，更容易选择离开，也就造成企业用人成本的浪费。

相反，如果企业是从薪资水平5000~7000元的主管的人群里挑选候选人，那么企业就掌握了人才选择的主动权。你可以挑选有潜力的候选人，经过半年或一年的培养，使其成长为10000元的经理。

当然，降级招聘不是降低招聘要求，而是挖掘被低估的优秀人才。由于工作选择受时机、地区、行业等因素的影响，社会上每个层次都有优秀人才被低估，所以薪资在5000~7000元的人群中也有被低估的优秀人才。这些被低估的人才在被重新发掘后，会有强烈的被认同感，不会轻易地离开新的企业，并且会加倍努力地回馈企业，甚至会主动承担自己职责以外的事，人才的贡献度和稳定性也会更高。

不难发现，利用降级招聘寻找"被埋没的金子"有利于企业赢得优秀人才的主动权，尤其在企业薪酬支付能力有限的情况下更能确保投入产出最大化。

➡️ 坚守冰山下

难以培养的素质靠招聘获得

通过以上分析不难发现，冰山上的用人标准与工作所要求的直接资质相关，想要在比较短的时间内使用一定的手段对候选人的素质进行测评，如可以通过考察资质证书、考试、简历等具体形式来评价，而且这些素质也可以通过培训、锻炼等方法来提高。而冰山下的素质往往与工作内容很难直接关联，难以度量和准确评价，而且在一定的时期内难以培养和提高。对于这类难以培养的素质，主要靠招聘来获得。

棉花糖实验

20世纪60年代,美国斯坦福大学的沃尔特·米歇尔博士做了一个实验。他和助手选取了一批四五岁左右的孩子,做了测试。他们在一间屋子里放了一张桌子、一把椅子,桌子上放了一盘棉花糖和一个铃铛。实验人员让孩子们分别单独进入房间,并告诉他们如果坚持15分钟不吃棉花糖,就可以再得到一块棉花糖,而如果实在坚持不住诱惑,就可以摇铃铛示意把棉花糖吃掉。

要知道,在那个年代对于一个四五岁的孩子来说,一块棉花糖的诱惑力不亚于一块名表、一部豪车对成人的诱惑力。

孩子们依次进入房间,实验人员在外面观察。实验人员发现有的孩子进入房间后很快就把棉花糖吃掉了;有的孩子抓耳挠腮,在地上、椅子上、桌子底下爬来爬去;有的孩子坚持了10分钟,终于还是忍不住把棉花糖吃了;但有的孩子可以忍受巨大的诱惑,坚持到15分钟,最终如愿地得到了第2块棉花糖。

第一阶段的实验完成后,实验人员又继续对这批孩子进行跟踪观察,记录了30年,直到这批孩子基本上成家立业。

研究显示,凡是坚持时间长的孩子,在后来的生活中,普遍学习成绩好,人际关系融洽,工作收入高,事业顺利,家庭和睦,幸福感强。当然每项都应该加上一个比较词——更。

而这一切,与智商、知识、技能无关。

实验人员最后得出的结论是:在决定一个人是否成功、幸福的因素中,占据主导地位的是自我控制能力,也是一个人价值观和素质的一部分。正如《合伙人》一书中提到的:"价值观极少在成年后发生变化,你能传授技巧,却不能传授品格。"

德锐咨询借用管理学理论,面向532位人力资源工作者和管理者,对常见的92项素质提高的难易程度进行了调研。

根据调研结果,我们对素质项进行了3个类别的划分。

第一类:容易培养的。无须过多依赖于基本认知能力、个性特质或丰富经验,略加指导即可习得的技能或知识,如PPT制作、商务礼仪、演讲演绎、数据分析等。

第二类：难以培养但可培养的。这一类是只要拥有主观改变和提升的意愿，经历大量的实践与训练，就可以加以提高的素质，如说服影响、资源整合、项目管理、时间管理等能力。

第三类：难培养且不可培养。这一类素质是指即使拥有主观意愿，经历大量的实践与训练，也难以改变，如审美等。

具体可参考表5-2的素质培养难易程度分类。

从投入产出比的角度看，培养这些素质所花费的精力和成本很可能被白白浪费了。对于难培养且不可培养的素质或特质，企业要靠人才招聘来获得。正所谓，如果要教会一只猪爬上树，也许需要花费一年甚至更长的时间和精力，所以最好直接找来一只猴子。

筛选素质项的四大原则

构建冰山下人才画像，除了需要关注难培养且不可培养的素质项，还需要在筛选时遵循一定的原则和方法。构建冰山下人才画像有四大原则：咬合而非简单相关、均衡而不单一、独立而不交叉和缺一不可。

原则一：咬合而非简单相关

咬合是指这个素质项是助力员工产生业绩的必备素质，缺少这个素质项将无法产生预期业绩。而相关是指素质项会影响绩效，但不是决定绩效高低的最关键素质项。在筛选素质项时，是以"必要"而不是"需要"来进行素质项筛选的。

原则二：均衡而不单一

管理学者罗伯特·卡茨在1955年提出了管理者三大能力模型。

该能力模型包括技术能力（如财务经理——财会知识、人力资源经理——劳动合同法和招聘方法等）、人际能力（如工作中的人际交往能力）和概念能力（如抽象思考、有大局观、信息分类与串联的能力），分别对应着管理自我、管理他人和管理任务。

表 5-2 素质培养难易程度分类

维度	素质	易培养	难培养但可培养	难培且不可培养
知识技能	任务分解	✓		
知识技能	阅读理解	✓		
知识技能	数据分析	✓		
知识技能	制度流程优化	✓		
知识技能	会议组织	✓		
知识技能	客户接待	✓		
知识技能	演讲演绎	✓		
知识技能	英语口语	✓		
知识技能	职业化素养	✓		
知识技能	办公软件操作	✓		
知识技能	商务礼仪	✓		
知识技能	计划管理	✓		
知识技能	谈判能力	✓		
知识技能	全局意识	✓		
价值观、态度	风险管控		✓	
价值观、态度	总结归纳		✓	
价值观、态度	合作共赢		✓	
价值观、态度	成本意识		✓	
价值观、态度	精准高效		✓	
价值观、态度	沟通协调		✓	
价值观、态度	市场敏锐		✓	
价值观、态度	钻研探索		✓	
价值观、态度	团队协作		✓	
价值观、态度	商业洞察		✓	
价值观、态度	拥抱变化		✓	
价值观、态度	用户思维		✓	
价值观、态度	分析判断		✓	
价值观、态度	开拓创新		✓	
价值观、态度	客户至上		✓	
价值观、态度	服务意识		✓	
价值观、态度	系统思考		✓	
价值观、态度	经营思维		✓	
价值观、态度	说服影响		✓	
价值观、态度	情绪管理		✓	
价值观、态度	项目管理		✓	
价值观、态度	组织推动		✓	
价值观、态度	团队管理		✓	
价值观、态度	资源整合		✓	
价值观、态度	目标导向		✓	
价值观、态度	解决问题		✓	
价值观、态度	统筹规划		✓	
价值观、态度	培养他人		✓	
价值观、态度	果断决策		✓	
价值观、态度	战略执行		✓	
价值观、态度	战略规划		✓	
价值观、态度	使众人行		✓	
价值观、态度	组织塑造		✓	
价值观、态度	识人善用		✓	
性格	利他精神		✓	
性格	求真务实		✓	
性格	踏实可靠		✓	
性格	谦逊自省		✓	
性格	坚持不懈		✓	
性格	同理心		✓	
性格	坚韧抗压		✓	
性格	诚信正直		✓	
性格	勤奋努力		✓	
性格	责任担当		✓	
性格	敬业精神		✓	
性格	吃苦耐劳		✓	
性格	先公后私		✓	
性格	人际敏锐		✓	
性格	以身作则		✓	
性格	开放包容		✓	
性格	谦逊自省		✓	
性格	坚持原则		✓	
性格	情绪控制		✓	
性格	临危不乱		✓	
性格	审美自律			✓
性格	亲和性			✓
性格	活力性			✓
性格	胆量			✓
性格	果断			✓
性格	善良			✓
性格	逻辑思维			✓
性格	灵活应变			✓
性格	严谨细致			✓
性格	聪慧敏锐			✓
性格	气质			✓
性格	乐观自信			✓
性格	先人后事			✓
动机	锐意进取			✓
动机	信念信仰			✓
动机	工作激情			✓
动机	精益求精			✓
动机	积极主动			✓
动机	学习成长			✓
动机	持续奋斗			✓
动机	卓越交付			✓
动机	成就动机			✓
动机	事业雄心			✓

虽然针对不同层级的岗位，三大能力缺一不可，但三大能力的重要性有所区别。在建立人才画像时，要充分考虑是否涉及了这 3 个方面，以避免筛选维度过于单一。

原则三：独立而不交叉

独立而不交叉原则来源于麦肯锡的 MECE（Mutually Exclusive Collectively Exhaustive）原则，意思是"相互独立，完全穷尽"。

筛选冰山下素质项时，首先要对影响业绩结果的素质项进行穷尽列举，然后根据业绩相关性排序，筛选出排名前列的素质项后，再进行精简合并，这样相对来说不会有交叉重复的情况发生。

之所以强调独立而不交叉，一方面是为了不要遗漏关键素质，另一方面也提高面试考察效率，聚焦重点，避免重复考察而造成时间浪费。

原则四：缺一不可 5 条内

缺一不可的意思是只要有一个素质项的考察未通过，则候选人就会因不满足岗位画像卡的要求而被淘汰。

人无完人，但是候选人的不足点，不能是与人才画像卡上的任何一项素质存在明显差距。这些素质项组成了高绩效人员的必要条件，就像人体器官，既各自分工，又高度协同，缺一不可。

素质项设置过多，在面试环节很难考察全面。因此，在人才画像中，只能选择那些缺一不可的素质项。从经验来看，达到"缺一不可"标准的素质项数量一般不超过 5 个。这样的冰山下设置，让人才选拔的标准更加聚焦，也让选人可以更加贴合用人实际。

德锐咨询 72 项素质菜单

德锐咨询从多年的企业咨询项目经验中汇总了近 200 个素质词条，并在这 200 个素质项的基础上进行提炼和总结，诞生了德锐咨询的 72 项素质菜单（见表 5-3）。我们将 72 个素质项，分成了管理自我、管理他人和管理任务三大

第5章 构建精准人才画像

类，几乎涵盖了 80%以上常见的素质，希望通过这些素质项的总结，帮助更多的企业快速构建岗位的冰山下画像。

表5-3　72项素质菜单

层级	01 管理自我		02 管理他人		03 管理任务	
高层	1	全局意识	27	识人善用	42	战略执行
	2	事业雄心	28	使众人行	43	组织塑造
	3	廉洁自律	29	领导激励	44	战略规划
中层	4	坚持原则	30	开放包容	45	计划管理
	5	以身作则	31	培养他人	46	统筹规划
	6	锐意进取	32	人际敏锐	47	目标导向
	7	成就动机	33	团队管理	48	组织推动
	8	情绪管理	34	影响推动	49	经营思维
					50	果断决策
					51	解决问题
					52	资源整合
					53	项目管理
					54	系统思考
全员	9	先公后私	35	服务意识	55	组织承诺
	10	吃苦耐劳	36	客户至上	56	卓越交付
	11	责任担当	37	用户思维	57	开拓创新
	12	持续奋斗	38	团队协作	58	拥抱变化
	13	学习成长	39	沟通协调	59	钻研探索
	14	坚韧抗压	40	同理心	60	精准高效
	15	坚持不懈	41	合作共赢	61	精益求精
	16	工作激情			62	灵活应变
	17	适应能力			63	风险管控
	18	敬业精神			64	谈判能力
	19	勤奋努力			65	分析判断
	20	聪慧敏锐			66	商业洞察
	21	诚信正直			67	市场敏锐
	22	积极主动			68	严谨细致
	23	乐观自信			69	成本意识
	24	谦逊自省			70	总结归纳
	25	真诚友善			71	逻辑思维
	26	踏实可靠			72	求真务实

因此，先需要明确的是确定关键人才的标准是什么，清晰的画像是什么，基于此才能对关键人才做出识别和精准的猎取。德锐咨询总结，人才画像是勾画出企业招聘人才的冰山上和冰山下条件，满足招聘场景所需的重要工具。

人才画像的共创共识法

构建人才画像的方法多种多样，包括工作任务分析法、专家组讨论法、战略推导法、标杆企业分析法、BEI 访谈法、性格测评法等，这里着重介绍应用场景最广泛，也是企业最易习得的方法——共创共识法。

对于第一次构建人才画像的企业，共创共识法可以帮助企业在内部快速地建立人才画像，并达成共识。共创共识的共创是指，邀请对岗位了解的内部专家一起参与研讨，共识是指人才画像的内容要在专家内部达成共识。

> **共创共识人才画像**
>
> 小张是一家中小型企业的招聘经理，他负责关键岗位——招聘专员的招聘工作。他意识到，制订招聘计划之前需要对招聘专员的人才画像进行充分的研究，以便能够更好地了解候选人的背景和技能。于是，他决定采用共创共识法来形成人才画像卡。
>
> 小张首先召集了企业内熟悉招聘专员岗位的相关人员组成 7 人专家小组，包括企业目前做得最好的招聘专员、招聘经理、HR 负责人和招聘需求较大的业务部门同事及负责人代表。此外，他还邀请了一位外部顾问。
>
> 开始研讨前，小张查阅了招聘专员岗位 JD。
>
> | 招聘专员岗位 JD |
> |---|
> | 一、岗位目的 |
> | 落实招聘计划，执行具体的招聘事务工作，及时完成招聘任务。 |

> 二、岗位职责
> 1. 协助 HRBP 开展定岗定编工作，并审核招聘需求；
> 2. 牵头所负责的职能部门共同制订招聘计划；
> 3. 结合招聘岗位性质和集团渠道资源，合理选择并实施各招聘活动，建立良好的渠道合作关系；
> 4. 牵头所负责院校的校招工作，开展校企合作活动，维护优质院校关系；
> 5. 实施负责岗位的面试及背调等工作，保证候选人符合岗位要求；
> 6. 维护各社会招聘渠道，协助进行渠道管理分析；
> 7. 完成上级安排的其他工作。

并以此为基础，提炼撰写了画像初稿。

研讨会议一开场，小张向在场的专家介绍了招聘专员这个岗位的岗位职责，并邀请现场的专家小组就招聘专员的素质要求从两个维度进行讨论。

维度一：据你观察，当前在招聘专员岗位上表现优秀的员工具有哪些素质？

维度二：从企业未来发展需要来看，需要招聘专员具备哪些素质？

小张："现在我们来进行穷尽列举。大家根据刚刚的思路，想想还有哪些与招聘专员岗位绩效产出相关的素质项，无论是职业技能、性格特点还是其他方面的素质都可以列举。我们要尽可能地不遗漏任何一个重要的素质，所以在列举的过程中不要受限制，不要顾虑数量，只要具有相关性，而且你认为是重要的，都要列举出来。"

参会人员开始积极列举：

"具有很好的沟通能力。"

"对人事法规和招聘流程有深入的了解。"

"善于处理人际关系。"

"具有高度的责任感和敬业精神。"

"工作细致认真，善于分析和解决问题。"

"具有一定的市场分析和预测能力。"

"对候选人的背景调查能力强。"

"具有良好的团队协作精神。"

"有一定的营销思维和创新意识。"

"具有数据分析和汇报能力。"

……

小张积极地鼓励参会人员，让大家敞开思路尽可能多地列举素质。在这个过程中，小张还不时提醒大家关注与绩效产出相关的素质，并鼓励大家展开深入的讨论和思考。

通过不断地头脑风暴，参会人员成功地列举出了积极主动、吃苦耐劳、坚韧抗压、沟通协调、团队协作、人际敏锐、分析判断、计划管理、目标导向、逻辑思维等十多个备选素质项。

"吃苦耐劳和坚韧抗压有重合，积极主动广义上包含了肯吃苦和能抗压。"有专家小组成员指出。

"同理，沟通协调、团队协作和人际敏锐也有交叉。"

"分析判断和逻辑思维也是！"

……

就这样，经过激烈讨论，取舍合并，最终专家小组一致决定选取积极主动、沟通协调、人际敏锐、分析判断4个素质项。

小张组织内部专家对人才画像的有效性进行了正反向验证。他首先收集了表现优秀的招聘专员的信息，包括素质，然后根据选定的4个素质项，对这些员工进行了正向验证。结果显示，这些员工在积极主动、沟通协调、人际敏锐和分析判断方面表现出色，与选定的素质项相符。

接着，小张又收集了在岗位上表现平平或不达标的招聘专员的信息，同样对其在选定的4个素质项上进行了反向验证。结果显示，这些员工在这些素质方面表现欠佳，与选定的素质项相矛盾。

通过正反向验证，专家小组一致得出结论：人才画像中的4个素质项——积极主动、沟通协调、人际敏锐和分析判断，能够较好地反映招聘专员这一岗位的需求，具有较高的准确性和可操作性。

最后，他们合影留念，这个共创共识的经历也成为他们团队合作的美好回忆。

通过共创共识法，小张成功建立了招聘专员的人才画像卡，但这并不是结束，画像卡还需要持续迭代和修正，以确保其有效性和适应性。

招聘专员岗位画像迭代示例如图5-1所示。

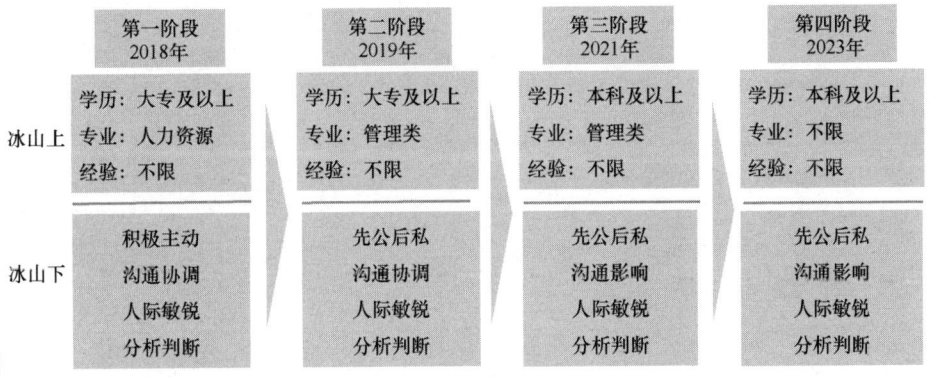

图5-1 招聘专员岗位画像迭代示例

小张决定，在实际应用中将人才画像与面试流程和绩效管理流程结合起来，每次招聘岗位时，先根据岗位画像筛选符合要求的候选人进行面试，确保招聘的人才能够胜任该岗位，并在后续的绩效管理中，根据人才画像的指标进行评估，以确保员工的工作表现与组织目标的一致性。

五大行业人才画像卡

德锐咨询在《人才画像》一书中呈现了化工、医药、投资、餐饮、教培、互联网、房地产、制造、建筑、外贸共计10个行业的若干个关键岗位人才画像卡，本书结合近年来新兴行业的发展，另外给出电商、律师事务所、零售、农业和畜牧业企业关键岗位的人才画像卡，供各位读者参考及使用。

1. 电商企业关键岗位的人才画像卡（见表5-4～表5-8）

表5-4 运营主管人才画像卡

岗位名称	运营主管	
岗位使命	以最低的投流成本为企业带来最大的收入	
冰山上（学历、经验、技能）	1. 大专及以上 2. 能接受长时间高强度工作 3. 有基本审美意识	
	考察项	精准提问话术
冰山下（价值观、素质、潜力、动机、个性）	保持激情	1. 请分享，你长时间忘我地投入到工作中的一段经历 2. 请分享，你为自己设定的最具挑战性的目标并坚持达成的事例 3. 请分享，在遇到挑战或挫折时，你依然坚守初心，热情饱满投入工作/任务的事例
	拥抱变化	1. 请分享，你以最快速度调整状态，适应工作环境发生重大变化的一次经历 2. 请分享，你最大程度上改变学习/工作模式或方法，适应环境变化的事例 3. 请分享，你最快一次通过灵活应对适应环境变化的事例
	学习成长	1. 请分享，你接受新任务或进入新岗位以后，最快上手的事例 2. 请分享，你印象最深刻的，你通过分享自己的经验帮助他人提升自我的事例 3. 请分享，你在近期自主学习到的最能提高工作效率的技能，并分享给其他同事的事例
	逻辑思维	1. 请分享，你过往面对的最复杂的情况，但通过你的分析成功解决的事例 2. 请分享，你通过梳理信息发掘规律/本质，提高效率/解决问题的事例 3. 请分享，在你不擅长的领域，通过你的有效分析做出最优选择的事例

表5-5 剪辑主管人才画像卡

岗位名称	剪辑主管
岗位使命	创造有美感和网感的爆款视频
冰山上（学历、经验、技能）	1. 大专及以上 2. 基本掌握相关电脑剪辑技能 3. 有基本审美意识

(续表)

	考察项	精准提问话术
冰山下（价值观、素质、潜力、动机、个性）	责任担当	1. 请分享，你知道任务有风险，但你依然愿意承担的事例
		2. 请分享，为了完成团队目标，你主动承担职责外任务的事例
		3. 请分享，你在面临挑战或利益冲突时，勇于担当的事例
	拥抱变化	1. 请分享，你以最快速度调整状态，适应工作环境发生重大变化的一次经历
		2. 请分享，你最大程度上改变学习/工作模式或方法，适应环境变化的事例
		3. 请分享，你最快一次通过灵活应对适应环境变化的事例
	钻研探索	1. 请分享，当工作/学习出现瓶颈时，你成功突破的事例
		2. 请分享，在遇到没有接触过的任务时，你通过分析并找到突破口的事例
		3. 请分享，面对复杂的工作，你通过不断试错找到方法成功解决问题的事例
	高效执行	1. 请分享，面对突发紧急任务，你依旧高质量完成的事例
		2. 请分享，在遇到多任务时你成功安排协调的事例
		3. 请分享，面对繁重的工作任务，你依然保质保量按时完成的事例

表 5-6　主播人才画像卡

岗位名称	主播	
岗位使命	与观众建立良好的互动关系，促进销售额的增长，提高平台的影响力和声誉	
冰山上（学历、经验、技能）	1. 大专及以上 2. 镜头感	
	考察项	精准提问话术
冰山下（价值观、素质、潜力、动机、个性）	工作激情	1. 请分享，你长时间忘我地投入到工作中的一段经历
		2. 请分享，你为自己设定的最具挑战性的目标并坚持达成事例
		3. 请分享，在遇到挑战或挫折时，你依然坚守初心，热情饱满投入工作/任务的事例
	拥抱变化	1. 请分享，你以最快速度调整状态，适应工作环境发生重大变化的一次经历
		2. 请分享，你最大程度上改变学习/工作模式或方法，适应环境变化的事例
		3. 请分享，你最快一次通过灵活应对适应环境变化的事例
	沟通协作	1. 请分享，你过往经历中别人不认同你的观念时，你通过主动沟通达成一致的事例
		2. 请分享，你过往经历中，面对其他部门/人员配合度不高时，成功协调解决的事例
		3. 请分享，面对一个困难的问题，你主动寻求帮助并成功解决问题的事例
	开拓创新	1. 请分享，你过往经历中通过使用新方法顺利突破当下瓶颈的事例
		2. 请分享，你过往经历中通过做出与众不同的思考扭转僵局的事例
		3. 请分享，你过往通过发挥你的创造力改善效果或提高效率的事例

表 5-7　编辑主管人才画像卡

岗位名称	编辑主管	
岗位使命	确保平台上的内容准确、清晰、一致、有吸引力和易于理解	
冰山上（学历、经验、技能）	1. 大专及以上 2. 熟悉信息流	
冰山下（价值观、素质、潜力、动机、个性）	考察项	精准提问话术
	吃苦耐劳	1. 请分享，你花费最长时间，克服困难，打磨提高作品质量的事例 2. 请分享，你面对高强度的工作，克服困难并出色完成的事例 3. 请分享，你过往经历中遇到的最大难题，以及坚持不懈最终攻克的事例
	开拓创新	1. 请分享，你主动学习新技能并运用到工作中，并取得成效的事例 2. 请分享，你持续抓取热点并成功创作作品的事例 3. 请分享，你用新方法解决长期困扰的（工作）事例
	沟通协调	1. 请分享，面对别人推脱，你成功协调他人配合你工作的事例 2. 请分享，面对多人分歧，你有效组织并促成的事例 3. 请分享，面对资源不足，你主动协调内外部资源达成效果的事例
	高效执行	1. 请分享，面对突发紧急任务，你依旧高质量完成的事例 2. 请分享，在遇到多任务时你成功安排协调的事例 3. 请分享，面对繁重的工作任务，你依然保质保量按时完成的事例

表 5-8　竞价人才画像卡

岗位名称	竞价	
岗位使命	最大限度地降低广告投放成本，为企业带来更多的流量和销售收入	
冰山上（学历、经验、技能）	1. 大专及以上 2. 1年及以上竞价相关工作经验	
冰山下（价值观、素质、潜力、动机、个性）	考察项	精准提问话术
	勤奋努力	1. 请分享，你持续承担繁重任务并出色完成的事例 2. 请分享，你比他人付出了更多并取得成功的例子 3. 请分享，你坚持过一段工作强度最大或加班最多的经历
	沟通协调	1. 请分享，过往成本过高时，你成功通过沟通让团队快速达成一致并开始调整的事例 2. 请分享，当面对意见分歧时，你成功说服别人达成共识的事例 3. 请分享，面对多人参与的复杂局面，你有效组织促成合作的事例

第 5 章 构建精准人才画像

（续表）

考察项		精准提问话术
冰山下（价值观、素质、潜力、动机、个性）	成本意识	1. 请分享，面对成本过高时，你通过调整成本合理的最佳实践案例
		2. 请分享，完成同样的一件事，比他人花费成本更低的事例
		3. 请分享，你的建议成功帮助企业降低成本、提高收益的事例
	开拓创新	1. 请分享，你打破常规，用新方法解决长期困扰的工作难题的事例
		2. 请分享，你的一项创新对于整个工作的成功起到至关重要作用的事例
		3. 请分享，你曾经通过主动搜寻改善点提高工作质量/效率的事例

2. 律师事务所关键岗位的人才画像卡（见表5-9～表5-12）

表5-9　律师合伙人人才画像卡

岗位名称		律师合伙人
岗位使命		为客户提供最佳的法律解决方案，确保律师事务所提供高质量、高效率、高水平的法律服务
冰山上（学历、经验、技能）		1. 本科以上学历 2. 已取得律师执业证 3. 3年及以上律师执业经验
	考察项	精准提问话术
冰山下（价值观、素质、潜力、动机、个性）	坚持原则	1. 请分享，你不顾得罪人而把事情做正确的例子
		2. 请分享，你成功抵挡外部较大的诱惑，维护企业利益的例子
		3. 请分享，你曾经克服压力和阻力，拒绝执行一项违反原则的工作的事例
	团队管理	1. 请分享，你曾将士气低迷的松散团队打造成高绩效团队的事例
		2. 请分享，你成功扭转团队当中不良习气的事例
		3. 请分享，你曾经克服困难，带领团队完成的最成功的一次任务
	培养他人	1. 请分享，你成功培养下属快速成长的事例
		2. 请分享，你为企业稀缺岗位成功培养出多名人才的事例
		3. 请分享，你为企业战略型人才需求提供人才培养方法和机制的事例
	资源整合	1. 请分享，面对资源不足，你寻求资源出色完成任务的事例
		2. 请分享，你成功整合多个利益方的资源，实现资源融合、互利共赢的事例
		3. 请分享，你通过资源重组、盘活、激发，最大化为企业创造价值的事例

表5-10　律师人才画像卡

岗位名称	律师
岗位使命	为客户提供专业的法律服务，维护客户的合法权益
冰山上（学历、经验、技能）	1. 本科及以上学历 2. 1年及以上从业经验，持有律师执业证

（续表）

	考察项	精准提问话术
冰山下（价值观、素质、潜力、动机、个性）	责任担当	1. 请分享，不是你的职责，你承担并完成的例子
		2. 请分享，别人不愿承担，但你主动承担并完成的例子
		3. 请分享，知道任务有风险，但你依然承担的例子
	团队协作	1. 请分享，你发现无人接手重要任务时，主动补位，促成团队目标顺利达成的事例
		2. 请分享，你主动与一个很难相处的人达成合作的事例
		3. 请分享，你与他人合作完成挑战性强的任务的例子
	服务意识	1. 请分享，你主动响应他人需求，出色完成任务的事例
		2. 请分享，你提前发现了客户需求，给客户带来惊喜的例子
		3. 请分享，在过往的经历中，你做过的最感动客户的事例
	逻辑思维	1. 请分享，你成功从复杂问题中得出最有价值观点的事例
		2. 请分享，你整合零碎信息，有效呈现内部规律的事例
		3. 请分享，你快速提炼出对某件事的精确归纳或准确表达的事例

表 5-11　诉讼律师人才画像卡

岗位名称	诉讼律师
岗位使命	代表客户参与诉讼、仲裁、调解等纠纷解决程序，保障客户的合法权益
冰山上（学历、经验、技能）	1. 本科以上学历 2. 持有律师执业证，有独立承办诉讼案件的经历

	考察项	精准提问话术
冰山下（价值观、素质、潜力、动机、个性）	责任担当	1. 请分享，不是你的职责，你承担并完成的例子
		2. 请分享，别人不愿承担，但你主动承担并完成的例子
		3. 请分享，知道任务有风险，但你依然承担的例子
	团队协作	1. 请分享，你发现无人接手重要任务时，主动补位，促成团队目标顺利达成的事例
		2. 请分享，你主动与一个很难相处的人达成合作的事例
		3. 请分享，你与他人合作完成挑战性强的任务的例子
	灵活应变	1. 请分享，面对打乱你工作或学习计划的突发状况，你成功应对的事例
		2. 请分享，你出色完成上级临时交代的一项重要工作的事例
		3. 请分享，你快速反应成功化解危机的一次经历
	逻辑思维	1. 请分享，你成功从复杂问题中得出最有价值观点的事例
		2. 请分享，你整合零碎信息，有效呈现内部规律的事例
		3. 请分享，你快速提炼出对某件事的精确归纳或准确表达的事例

第 5 章 构建精准人才画像

表 5-12　常年法律顾问人才画像卡

岗位名称	常年法律顾问		
岗位使命	为企业和个人提供全面的法律服务，帮助客户规避法律风险，保障客户的合法权益		
冰山上（学历、经验、技能）	本科以上学历		
冰山下（价值观、素质、潜力、动机、个性）	考察项	精准提问话术	
	责任担当	1. 请分享，不是你的职责，你承担并完成的例子	
		2. 请分享，别人不愿担当，但你主动承担并完成的例子	
		3. 请分享，知道任务有风险，但你依然承担的例子	
	沟通协调	1. 请分享，过往成本过高时，你成功通过沟通让团队快速达成一致并开始调整的事例	
		2. 请分享，当面对意见分歧时，你成功说服别人达成共识的事例	
		3. 请分享，面对多人参与的复杂局面，你有效组织促成合作的事例	
	目标导向	1. 请分享，你比别人更清晰地理解和把握目标，组织资源和力量实现目标的事例	
		2. 请分享，你克服困难或抵制诱惑，坚定目标并达成的事例	
		3. 请分享，你从最终目标出发，灵活调整策略达成目标的事例	
	逻辑思维	1. 请分享，你成功从复杂问题中得出最有价值观点的事例	
		2. 请分享，你整合零碎信息，有效呈现内部规律的事例	
		3. 请分享，你快速提炼出对某件事的精确归纳或准确表达的事例	

3. 零售企业关键岗位的人才画像卡（见表 5-13～表 5-17）

表 5-13　店长人才画像卡

岗位名称	店长		
岗位使命	确保店铺的长期盈利和稳健发展		
冰山上（学历、经验、技能）	1. 大专及以上 2. 2 年及以上店铺管理经验		
冰山下（价值观、素质、潜力、动机、个性）	考察项	精准提问话术	
	先公后私	1. 请分享，面对个人利益与团队利益发生冲突，你成功处理的事例	
		2. 请分享，你曾经为了完成工作目标而做出的最大个人牺牲的事例	
		3. 请分享，你过往为了实现团队目标主动帮助团队中其他伙伴的事例	
	沟通协调	1. 请分享，你通过与他人沟通协作完成的最成功的一次团队工作	
		2. 请分享，你过往在遇到问题时，通过主动找他人沟通成功解决的事例	
		3. 请分享，当他人对你的方案/建议提出反对意见时，你成功说服解决的事例	

(续表)

冰山下（价值观、素质、潜力、动机、个性）	考察项	精准提问话术
	团队管理	1. 请分享，你曾经克服困难，带领团队完成的最成功的一次任务
		2. 请分享，你过往成功培养出的最优秀下属
		3. 请分享，在带团队过程中，面对不服从管理的下属，你成功处理的事例
	客户第一	1. 请分享，你过往因为良好的服务受到客户最佳好评的事例
		2. 请分享在过往工作经历中，你主动发现客户需求并快速响应的事例
		3. 请分享，过往经历中，你成功处理过的最严重的客诉事例

表 5-14 收银员人才画像卡

岗位名称	收银员	
岗位使命	快速、准确、高效地完成收银结算工作，为客户提供高效、准确、安全和愉悦的购物体验	
冰山上（学历、经验、技能）	1. 可以适应零售行业倒班的工作时间	
	考察项	精准提问话术
冰山下（价值观、素质、潜力、动机、个性）	诚实守信	1. 请分享，你纠正或阻止他人违反规则的事例
		2. 请分享，你遇到阻碍和困难依然兑现承诺的事例
		3. 请分享，面对诱惑，你依然坚守规则的事例
	敬业务实	1. 请分享，你比别人有更多的付出，有更高的工作标准的工作经历
		2. 请分享，面对繁重的任务，你主动承担并出色完成的事例
		3. 请分享，面对巨大困难与挑战，你依然坚持完成本职工作的事例
	服务意识	1. 请分享，你主动响应他人需求，出色完成任务的事例
		2. 请分享，你提前发现了客户需求，给客户带来惊喜的例子
		3. 请分享，在过往的经历中，你做过的最感动客户的事例
	精准高效	1. 请分享，针对长期做的一项工作，你很少出错和返工，总能高标准交付的事例
		2. 请分享，你出色完成上级紧急交代的一项重要工作的事例
		3. 请分享，同一项工作任务，你比他人完成得更好更快的事例

表 5-15 采购经理人才画像卡

岗位名称	采购经理
岗位使命	确保企业采购活动的顺利开展，同时保证采购的成本和质量控制在合理范围内
冰山上（学历、经验、技能）	1. 大专及以上学历 2. 3 年及以上采购相关工作经验

第 5 章 构建精准人才画像

（续表）

	考察项	精准提问话术
冰山下（价值观、素质、潜力、动机、个性）	坚持原则	1. 请分享，你不顾得罪人而把事情做正确的例子 2. 请分享，你成功抵挡外部较大的诱惑，维护企业利益的例子 3. 请分享，你曾经克服压力和阻力，拒绝执行一项违反原则的工作的事例
	谈判能力	1. 请分享，面对争执不下的一次谈判，你成功达成谈判目标的事例 2. 请分享，别人未能谈判成功，而你成功达成谈判目标的事例 3. 请分享，面对最强势的供应商/谈判对象，你成功为企业争取最大利益的事例
	目标导向	1. 请分享，你比别人更清晰地理解和把握目标，组织资源和力量实现目标的事例 2. 请分享，你克服困难或抵制诱惑，坚定目标并达成的事例 3. 请分享，你从最终目标出发，灵活调整策略达成目标的事例
	成本意识	1. 请分享，你主动提出改进措施帮助企业降低成本的事例 2. 请分享，完成同样的一件事，比他人花费成本更低的事例 3. 请分享，你的建议成功帮助公司降低成本、提高收益的事例

表 5-16　物流经理人才画像卡

岗位名称	物流经理
岗位使命	确保商品能够及时、准确地送达客户手中
冰山上（学历、经验、技能）	1. 大专及以上学历 2. 3 年及以上零售行业物流相关经验

	考察项	精准提问话术
冰山下（价值观、素质、潜力、动机、个性）	坚韧抗压	1. 请分享，面对一项巨大的挫折，你成功应对的事例 2. 请分享，面对一段长期困境，你成功走出的事例 3. 请分享，大多数人都没有坚持住，但你依然坚持的事例
	沟通协作	1. 请分享，面对别人推脱，你成功协调他人配合你工作的事例 2. 请分享，面对多人参与的复杂局面，你有效组织促成合作的事例 3. 请分享，面对分歧，你成功与他人达成合作的事例
	分析判断	1. 请分享，你比别人更快做出分析判断，帮助组织行动的事例 2. 请分享，在紧急情况下你做出准确判断的事例 3. 请分享，面对复杂形势，别人束手无策，你做出正确分析和判断的事例
	统筹规划	1. 请分享，你为一个长期目标的实现，预先安排、合理布局的事例 2. 请分享，同时面对多个任务或复杂任务，你合理安排并出色完成的事例 3. 请分享，你在资源有限的情况下，合理调配资源确保目标达成的事例

表 5-17 运营总监人才画像卡

岗位名称	运营总监	
岗位使命	实现企业高效、稳定、可持续的运营,从而提高市场份额和盈利能力	
冰山上 (学历、经验、技能)	1. 本科及以上学历 2. 5 年及以上商品管理相关经验	
冰山下 (价值观、素质、潜力、动机、个性)	考察项	精准提问话术
	全局意识	1. 请分享,你曾经为了实现企业整体利益而在所在的部门利益或个人利益上做出让步的例子
		2. 请分享,在工作内容已经非常饱和的情况下,你依然接受组织更多任务安排的例子
		3. 请分享,你比其他人更充分地从整体和全局出发,做出决策的事例
	沟通协调	1. 请分享,面对别人推脱,你成功协调他人配合你工作的事例
		2. 请分享,面对多人参与的复杂局面,你有效组织促成合作的事例
		3. 请分享,面对分歧,你成功与他人达成合作的事例
	商业洞察	1. 请分享,通过你对市场动态的评估,发现新商机的事例
		2. 请分享,你比他人更快发现新商机的事例
		3. 请分享,你发现新商机,并将商机转化为市场产品的经历
	逻辑思维	1. 请分享,你成功从复杂问题中得出最有价值观点的事例
		2. 请分享,你整合零碎信息,有效呈现内部规律的事例
		3. 请分享,你快速提炼出对某件事的精确归纳或准确表达的事例

4. 农业企业关键岗位的人才画像卡(见表 5-18~表 5-22)

表 5-18 农艺师人才画像卡

岗位名称	农艺师	
岗位使命	提高农作物的产量和质量,保证农业生产的稳定和高效	
冰山上 (学历、经验、技能)	1. 本科及以上学历 2. 农学相关专业	
冰山下 (价值观、素质、潜力、动机、个性)	考察项	精准提问话术
	吃苦耐劳	1. 请分享,面对最恶劣的工作环境,你成功克服的事例
		2. 请分享,你承担的最艰苦的一项工作的事例
		3. 请分享,你通过加班加点完成一项重要又紧急的任务的经历

(续表)

	考察项	精准提问话术
冰山下（价值观、素质、潜力、动机、个性）	沟通协调	1. 请分享，面对别人推脱，你成功协调他人配合你工作的事例 2. 请分享，面对多人参与的复杂局面，你有效组织促成合作的事例 3. 请分享，面对分歧，你成功与他人达成合作的事例
	分析判断	1. 请分享，你比别人更快做出分析判断，帮助组织行动的事例 2. 请分享，在紧急情况下你做出准确判断的事例 3. 请分享，面对复杂形势，别人束手无策，你做出正确分析和判断的事例
	开拓创新	1. 请分享，你的一项创新对于整个工作的成功起到至关重要作用的事例 2. 请分享，你曾经通过主动搜寻改善点提高工作质量/效率的事例 3. 请分享，你打破常规，用新方法解决长期困扰的工作难题的事例

表 5-19 育种师人才画像卡

岗位名称	育种师	
岗位使命	通过育种技术手段，研发出更适应当地自然环境条件的新品种，为农业生产提供更好的种质资源	
冰山上（学历、经验、技能）	1. 硕士及以上学历 2. 具有农学、植保、园艺等基础知识	
	考察项	精准提问话术
冰山下（价值观、素质、潜力、动机、个性）	积极主动	1. 请分享，你主动干预事情发展偏离预期的事例 2. 请分享，你主动帮助团队解决困难的事例 3. 请分享，你主动承担别人不愿承担的任务，并最终完成的事例
	沟通协调	1. 请分享，面对别人推脱，你成功协调他人配合你工作的事例 2. 请分享，面对多人参与的复杂局面，你有效组织促成合作的事例 3. 请分享，面对分歧，你成功与他人达成合作的事例
	钻研探索	1. 请分享，你主导解决最复杂的技术性问题的事例 2. 请分享，你发现并引入的一项创新，为企业带来重大突破的事例 3. 请分享，你通过不断学习新知识和新技能提高工作效率的事例
	卓越交付	1. 请分享，同样一件事，比过去完成得更好的例子 2. 请分享，同样一件事，比同事或同行做得更好的例子 3. 请分享，你做过的超出客户要求或期望的例子

表 5-20　植保主管人才画像卡

岗位名称	植保主管	
岗位使命	通过合理的植物保护计划，作物能够免受病虫害等生物性和非生物性因素的影响	
冰山上（学历、经验、技能）	1. 本科及以上学历 2. 植物保护专业或相关农学专业	
冰山下（价值观、素质、潜力、动机、个性）	考察项	精准提问话术
	坚韧抗压	1. 请分享，面对一项巨大的挫折，你成功应对的事例
		2. 请分享，面对一段长期困境，你成功走出的事例
		3. 请分享，大多数人都没有坚持住，但你依然坚持的事例
	培养他人	1. 请分享，你成功培养下属快速成长的事例
		2. 请分享，你为企业稀缺岗位成功培养出多名人才的事例
		3. 请分享，你为企业战略型人才需求提供人才培养方法和机制的事例
	统筹规划	1. 请分享，你为一个长期目标的实现，预先安排、合理布局的事例
		2. 请分享，同时面对多个任务或复杂任务，你合理安排并出色完成的事例
		3. 请分享，你在资源有限的情况下，合理调配资源确保目标达成的事例
	钻研探索	1. 请分享，你主导解决最复杂的技术性问题的事例
		2. 请分享，你发现并引入的一项创新，为企业带来重大突破的事例
		3. 请分享，你通过不断学习新知识和新技能提高工作效率的事例

表 5-21　土壤健康师人才画像卡

岗位名称	土壤健康师	
岗位使命	关注和管理土壤的健康和营养，提高农作物的产量和品质	
冰山上（学历、经验、技能）	1. 大专及以上学历 2. 1年及以上土壤改良、生态农业、有机肥或生物调节剂领域的经验者	
冰山下（价值观、素质、潜力、动机、个性）	考察项	精准提问话术
	坚韧抗压	1. 请分享，面对一项巨大的挫折，你成功应对的事例
		2. 请分享，面对一段长期困境，你成功走出的事例
		3. 请分享，大多数人都没有坚持住，但你依然坚持的事例
	学习成长	1. 请分享，在过往的经历中，通过自己学习到的知识或技能，帮助企业解决问题的事例
		2. 请分享，你接受新任务或进入新岗位时，快速掌握新技能的事例
		3. 请分享，你曾经成长最快的一段经历

（续表）

	考察项	精准提问话术
冰山下（价值观、素质、潜力、动机、个性）	用户思维	1. 请分享，你曾经从农场在土壤健康方面需求出发设计或优化产品或服务的事例
		2. 请分享，你主动提高服务质量，获得用户尊重和认可的事例
		3. 请分享，你成功挖掘用户潜在需求，并为用户带来价值的事例
	开拓创新	1. 请分享，你的一项创新对于整个工作的成功起到至关重要作用的事例
		2. 请分享，你曾经通过主动搜寻改善点提高工作质量/效率的事例
		3. 请分享，你打破常规，用新方法解决长期困扰的工作难题的事例

表5-22 农业规划师人才画像卡

岗位名称	农业规划师	
岗位使命	通过制订农业发展计划，提高农业的生产效率，提升可持续性和提高经济效益	
冰山上（学历、经验、技能）	1. 本科以上学历，农林经济管理、园艺、城乡规划、设施农业、农业工程、生态学、风景园林等相关专业	
	2. 熟练使用CAD、ArcGIS、PS等至少一项制图软件	
	考察项	精准提问话术
冰山下（价值观、素质、潜力、动机、个性）	聪慧敏锐	1. 请分享，你比其他人更快速发现问题本质的事例
		2. 请分享，你快速解决一个复杂问题的事例
		3. 请分享，你临场快速反应，解决多方利益纠纷的事例
	影响推动	1. 请分享，你成功影响他人接受产品/方案，给企业带来巨大收益的事例
		2. 请分享，面对与上级观点/做法有分歧，你成功说服上级的事例
		3. 请分享，面对他人不配合，你依然如期推进工作的事例
	卓越交付	1. 请分享，同样一件事，比过去完成得更好的例子
		2. 请分享，同样一件事，比同事或同行做得更好的例子
		3. 请分享，你做过的超出客户要求或期望的例子
	钻研探索	1. 请分享，你主导解决最复杂的技术性问题的事例
		2. 请分享，你发现并引入的一项创新，为企业带来重大突破的事例
		3. 请分享，你通过不断学习新知识和新技能提高工作效率的事例

5. 畜牧业企业关键岗位的人才画像卡（见表5-23～表5-26）

表5-23 牧场经理人才画像卡

岗位名称	牧场经理
岗位使命	为畜禽生产提供有效的管理和经营，提高牧场养殖效率和经济效益
冰山上（学历、经验、技能）	1. 大专及以上 2. 动物医学、动物科学、动物药学、畜牧、养殖、生物学、机械设计制造及其自动化、机电一体化等相关专业

（续表）

考察项		精准提问话术
冰山下（价值观、素质、潜力、动机、个性）	计划管理	1. 请分享，面对错综复杂的工作，你快速理顺工作安排的事例
		2. 请分享，你运用PDCA成功完成一项挑战性任务的事例
		3. 请分享，面对计划被打乱，你成功应对并达成既定目标的事例
	团队管理	1. 请分享，你曾将士气低迷的松散团队打造成高绩效团队的事例
		2. 请分享，你成功扭转团队当中不良习气的事例
		3. 请分享，你曾经克服困难，带领团队完成的最成功的一次任务
	目标导向	1. 请分享，你比别人更清晰地理解和把握目标，组织资源和力量实现目标的事例
		2. 请分享，你克服困难或抵制诱惑，坚定目标并达成的事例
		3. 请分享，你从最终目标出发，灵活调整策略达成目标的事例
	精准高效	1. 请分享，针对长期做的一项工作，你很少出错和返工，总能高标准交付的事例
		2. 请分享，你出色完成上级紧急交代的一项重要工作的事例
		3. 请分享，同一项工作任务，你比他人完成得更好更快的事例

表5-24 检测主管人才画像卡

岗位名称	检测主管	
岗位使命	确保畜禽产品的质量和安全，保障消费者的健康和利益	
冰山上（学历、经验、技能）	1. 本科及以上学历	
	2. 分析化学、分析检测、动物科学、饲料科学、细胞生物学、生物化学与分子生物学、生物工程、发酵工程、微生物学、药学、兽医学等相关专业	
	考察项	精准提问话术
冰山下（价值观、素质、潜力、动机、个性）	严谨细致	1. 请分享，你发现某个细节问题，为企业挽回损失或创造额外价值的事例
		2. 请分享，你比别人更早发现某项工作错误的事例
		3. 请分享，你在同一时间，准确无误处理多项琐碎工作任务的事例
	分析判断	1. 请分享，你比别人更快做出分析判断，帮助组织行动的事例
		2. 请分享，在紧急情况下你做出准确判断的事例
		3. 请分享，面对复杂形势，别人束手无策，你做出正确分析和判断的事例
	开拓创新	1. 请分享，你的一项创新对于整个工作的成功起到至关重要作用的事例
		2. 请分享，你曾经通过主动搜寻改善点提高工作质量/效率的事例
		3. 请分享，你打破常规，用新方法解决长期困扰的工作难题的事例
	沟通协调	1. 请分享，面对别人推脱，你成功协调他人配合你工作的事例
		2. 请分享，面对多人参与的复杂局面，你有效组织促成合作的事例
		3. 请分享，面对分歧，你成功与他人达成合作的事例

表 5-25 兽医主管人才画像卡

岗位名称	兽医主管	
岗位使命	保障畜禽健康、预防疾病，提高畜禽生产效益，确保畜禽产品的安全和质量	
冰山上（学历、经验、技能）	1. 大专及以上学历 2. 动物医学、动植物检疫（动物）、动物科学、预防兽医学、临床兽医学、基础兽医学等相关专业	
冰山下（价值观、素质、潜力、动机、个性）	考察项	精准提问话术
	风险管控	1. 请分享，你成功补救过的一项严重的管理漏洞的事例
		2. 请分享，你通过风险的预防与处理，帮助企业避免重大损失的事例
		3. 请分享，你发现别人没有发现的风险点，帮助企业避免重大损失的事例
	责任担当	1. 请分享，不是你的职责，你承担并完成的例子
		2. 请分享，别人不愿承担，但你主动承担并完成的例子
		3. 请分享，知道任务有风险，但你依然承担的例子
	诚信正直	1. 请分享，你纠正或阻止他人违反规则的事例
		2. 请分享，你遇到阻碍和困难依然兑现承诺的事例
		3. 请分享，面对诱惑，你依然坚守规则的事例
	沟通协调	1. 请分享，面对别人推脱，你成功协调他人配合你工作的事例
		2. 请分享，面对多人参与的复杂局面，你有效组织促成合作的事例
		3. 请分享，面对分歧，你成功与他人达成合作的事例

表 5-26 配种师人才画像卡

岗位名称	配种师	
岗位使命	为畜牧业提供优质的种畜，改善畜禽品种，提高畜禽的生产力	
冰山上（学历、经验、技能）	1. 本科及以上学历 2. 动医动科、动物遗传育种与繁殖、畜牧、养殖、动物营养、食品科、动物遗传育种与繁殖、畜牧兽医、动医动科、特种动物养殖、畜禽智能化养殖、水产养殖、畜牧工程技术、动物药学、动物防疫与检疫、动物营养与饲料等相关专业	
冰山下（价值观、素质、潜力、动机、个性）	考察项	精准提问话术
	资源整合	1. 请分享，面对资源不足，你寻求资源出色完成任务的事例
		2. 请分享，你成功整合多个利益方的资源，实现资源融合、互利共赢的事例
		3. 请分享，你通过资源重组、盘活、激发，最大化为企业创造价值的事例
	统筹规划	1. 请分享，你为一个长期目标的实现，预先安排、合理布局的事例
		2. 请分享，同时面对多个任务或复杂任务，你合理安排并出色完成的事例
		3. 请分享，你在资源有限的情况下，合理调配资源确保目标达成的事例

精准选人
提升企业利润的关键（第2版）

(续表)

	考察项	精准提问话术
冰山下 （价值观、素质、潜力、动机、个性）	成本意识	1. 请分享，你主动提出改进措施帮助企业降低成本的事例
		2. 请分享，完成同样的一件事，比他人花费成本更低的事例
		3. 请分享，你的建议成功帮助企业降低成本、提高收益的事例
	影响推动	1. 请分享，你成功影响他人接受产品/方案，给企业带来巨大收益的事例
		2. 请分享，面对与上级观点/做法有分歧，你成功说服上级的事例
		3. 请分享，面对他人不配合，你依然如期推进工作的事例

➡️ 关键发现

> 招聘工作，画像在先。

> 在企业实际招聘工作中，或多或少会由于学历要求、专业限制、经验积累、年龄限制，甚至长相偏好、证书要求、性别限制和地域偏见堵住了人才喇叭口，使候选人数量过少。

> 放宽冰山上的"四不放"原则：非必要不放、一年内可以培养的不放、优先条件不放，以及超过3条不放。

> 放宽冰山上的筛选条件并不等于放弃，放宽冰山上是为了增加候选人的数量，而非降低选人标准。

> 企业可参考行业内/团队内优秀员工目前整体水平、岗位本身工作内容及未来发展的定位和当地的人才池与薪酬竞争力水平，把握冰山上设置尺度，确保录取最合适的人才。

> 冰山下素质项筛选的四大原则：咬合而非简单相关、均衡而不单一、独立而不交叉、缺一不可5条内。

> 72项素质菜单几乎涵盖了80%以上常见的素质。

> 对于第一次建立人才画像的企业，共创共识法可以帮助企业在内部快速地建立人才画像，并达成共识。

> 德锐咨询另外总结出五大行业常见岗位人才画像卡供企业参考。

第6章

精准选人六道关

> 幸运的是,优秀的人才到处都有,你只要知道怎么去挑选。
>
> ——杰克·韦尔奇

入境安全检查是口岸检查的关键环节,所有旅客无一例外地都必须经过检查后,才被允许登机或入境,一旦放入任何一个危险分子,将造成巨大灾难。同样,在企业选人的过程中,也需要"入境"安检系统,招入任何一个不合适的人将会给企业带来不可估量的损失。事实上,很多企业都没有建立科学有效的人才"入境"安检系统,随意、低效、漏洞百出的"入境"安检系统导致企业招入了不合适的人,拒绝了合适的人,一旦这种现象长久持续,企业的竞争力会逐步降低,最终导致企业走向衰落。所以企业要打造自己专有的可靠的人才安检系统。

那么什么样的安检设施可以铸就可信度比较高的人才安检系统呢?研究发现,面试是相对最有效的人才识别方法(见表 6-1),自然也是安检系统的重要环节。

表 6-1　人才识别方法比较

方　法	方法的效度 (与员工未来良好业绩的相关度)
阅读简历与应聘信	0.18~0.26
个人履历问卷	0.24~0.37
面试	0.14~0.47
性格测试	0.15~0.25
评价中心(多个面试/观察者从不同角度考察候选人)	0.14~0.41

资料来源:Hossiep, R. (1999)

而且面试可以随时随地进行，不需要借助其他工具。相对其他人才评估工具，面试是最容易掌握但也是技巧性要求较高的选人方法。从以往的咨询经验中发现，不少企业不惜花重金打造庞大的面试官团队，但却大量存在错招的现象，面试精准度无法得到保障。结合过往的咨询经验发现，原因主要有以下3个。

候选人天然的自我掩饰

根据中国第五次人口普查资料反映，申报大专以上学历者比实际培养人数多出60万人，即有60万人填报了虚假或不实信息，相当于20世纪90年代一年的普通高校毕业生总数。另有美国一项资料显示，美国有3000万人曾通过伪造简历被录用。有很多候选人承认他们会掩饰真实信息，甚至会通过撒谎来获得工作，因此大量的简历有虚假或不实信息也就不足为奇。

对比候选人面试过程中的描述与简历内容，或多或少会发现不一致的地方，这源于人在讲述自己真实状况时，不论他讲述多少次都会是一致的；而一个人在说谎时，由于很难完全记住每次说谎的内容，所以就有可能出现多次表达不一致的情况。当面试官缺乏"较真"意识或面试方法选用不当时，很有可能被虚假信息所蒙蔽，从而做出错误的用人决策。

面试官的即时印象偏见

研究表明，面试官会根据前10秒握手或简短介绍的即时印象，预测整体面试的结果。可问题在于，这种即时印象毫无意义，因为前10秒的预测使得面试官在整个面试过程中都想试图证明自己对候选人的印象，而不是真正地评估他们。心理学家将这种现象称作"证实偏见"，即倾向于寻找、解释或优先考虑那些能够支持自己的观点或假设的信息。

在德锐咨询管理的咨询项目中，我们惊愕地发现，很多面试官在遇到一位直觉上满意的候选人时，即使面试结果不符合最初的岗位标准，但也会选择

"微调"招聘标准,以使这位候选人符合录用条件。

经验主导的非结构化面试

很多企业的招聘面试仍在采用非结构化面试。非结构化面试中的面试官对候选人没有明确统一的考察维度,面试题目完全依赖面试官的经验和主观判断,对与面试有关的因素不做任何限定,面试过程如同随意聊天,除非面试官的个人素质极高,否则无法达到精准识别人才的目的。而且在非结构化面试中,经常会遇到面试官问"你的团队沟通能力好不好""如果你加入我们公司,你将怎么发挥自己的价值"等这类封闭性或假设性的问题。在现实生活中,有很多俗称"面霸"的人,他们对这些问题的回答能力往往高于其真实的工作能力。因为封闭性或假设性的问题对预测候选人在未来工作中的表现几乎没有任何作用。这种仅靠直觉和经验选人的非结构化面试成功率是极低的。谷歌早期虽也采用非结构化面试方式,但其坦言这样做确实在浪费所有人的时间。

有研究(Wiesner 和 Cronshaw,1988)表明,结构化面试能有效解决上述提到的面试官对人才标准把握、评估和判断不一致的问题。结构化面试的平均效度系数是非结构化面试的两倍,所以,提高面试效度的最好方法就是提高面试的结构化程度。

德锐咨询基于实践总结:高效的面试应该是"结构化理念"与"半结构化操作"结合的行为面试法(见图 6-1),这样才能真正做到心中有标准,但又不完全拘泥于标准去识别人才。

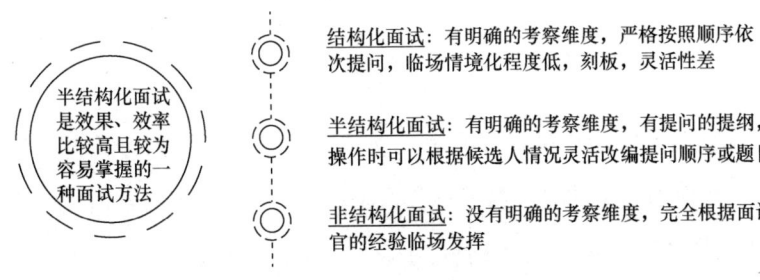

图 6-1 结构化、半结构化与非结构化的区别

"结构化理念"是指表6-2中的3个层次。

- 提问结构化。根据人才画像卡设计的结构化提问能确保面试官询问关键而又全面的素质项,降低选人的风险。
- 追问结构化。用STAR方式进行深度追问,以核查面试信息的真实度和表现优劣性。
- 流程结构化。选用科学规范的面试、测评工具、背景调查及试用期考察流程,能做到高效分工协作,做出最优人才决策,大幅提高选人精准度。

表6-2 德锐咨询3层结构化面试

层	结构化	工具	目标
第一层结构化	提问结构化	人才画像	全面考察,无遗漏
第二层结构化	追问结构化	STAR追问	探询真实,不被蒙
第三层结构化	流程结构化	分工规则	配合高效,少耗时

"半结构化操作"是指在真实的面试中,面试官根据实际情况随机应变,调整问题的顺序和内容,以灵活考察候选人的素质。半结构化操作可以使得面试考察更有针对性和灵活性,使面试官更易把握面试深度和效率。

而行为面试法则是面试官通过要求候选人描述其过去某个工作或生活经历的具体情况来了解其各方面素质的方法。行为面试法的基本原理是:通过一个人过去的真实行为可以预测这个人将来的行为。所以,在行为面试中,可以基于对候选人以往工作事件的描述及面试官的提问和追问,运用素质模型评价候选人在以往工作中表现的素质高低,并以此推测其在今后工作中的行为表现。通过对所收集信息的分析,可以准确考察候选人冰山模型下部的素质。行为面试法可以比较全面、深入地了解候选人,从而获得一般面试方式难以达到的效果。

基于此思想内核,德锐咨询提出,面试官要通过设置六道关卡来帮助企业建立提高人才识别能力的"安检设施",确保"入境"人才的合适性,降低选人风险。这六道关分别是结构化的行为提问、STAR追问、性格测试、直觉验证、背景调查与试用考察。

第一关：行为提问

结构化提问是指，根据清晰的用人标准（人才画像）设计面试问题，而面试问题的设计一定要基于过往的行为。因为一个人的行为模式是相对稳定的，不会在较短时间内发生大变化，特别是在遇到相似情境时，人的行为反应倾向于重复过去的方式。过去行为是未来行为的最好预测指标。基于人才画像的问题设计，使得面试考察维度更全面清晰，以求完整呈现候选人所有关键素质项的表现；基于行为的问题设计，使得面试考察更真实和深入，以求客观呈现候选人关键素质项的表现，而遵循一定原则的结构化行为问题提炼能确保面试提问更加精准。

结构化提问的 OBER 法则

问题设计和提问能力是面试考察第一步。很多面试官即使知道了上述面试提问理念，但在实际面试过程中，仍不得要领而犯各种错误。例如，在面试全过程中出现大量封闭性、假设性的问题；面试提问不够精准，让其他面试官听不出考核维度为何。这些提问如果在面试过程中发生频率过高，那么最终很可能做出错误的用人决策。

德锐咨询根据实践经验总结，提出面试问题设计的 OBER 法则（见图 6-2），面试官基于此原则提问可以有效节省面试时间和提高精准度。

Open（开放）：多问开放性问题，少问封闭性问题

封闭性问题限定了候选人回答的思路，给了候选人选择答案的方向，具有一定的引导性，不能考察候选人自己的想法。而开放性问题能给候选人充足的思考空间，揭示候选人全面的信息。

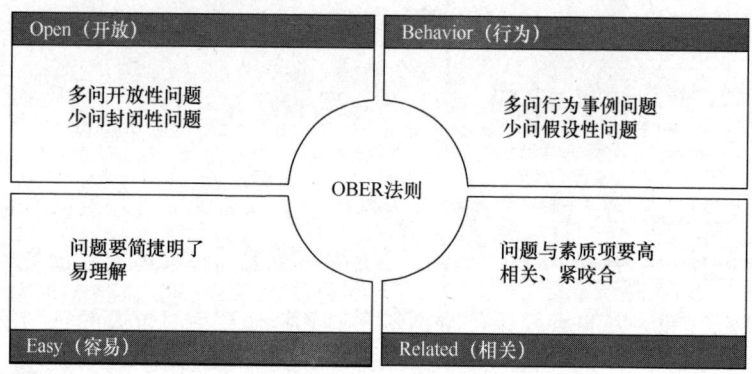

图 6-2　OBER 法则

Behavior（行为）：多问行为事例问题，少问假设性问题

针对未来情境的假设性问题，只能考察候选人的认知和想法。有经验的候选人会滔滔不绝给出解决问题的思路和评论，但是不能证明候选人就有能力完成此项任务。认知和行为中间往往有一条鸿沟。而针对候选人过往行为事例的提问，是预测未来的最好参考标准。

Easy（容易）：问题要简捷明了，易理解

面试官提出的问题要简捷明了，易于理解，不需要针对问题做过多解释，候选人能够清晰理解所问内容。有些面试官通常会通过"连珠炮"的方式提出一连串的问题，一个问题未表达清楚，又紧跟着另一个问题，这种提问方式往往会让候选人听得云里雾里，不知重点，大大降低面试效率。

Related（相关）：问题与素质项要高相关、紧咬合

面试官设计的问题一定要紧扣所要考察的关键素质项，所有与人才画像无关的提问都是浪费时间，都在降低面试效率和面试精准度，无法提供候选人是否匹配的有价值信息。

行为提问公式＝"你"＋最需场景＋期望结果＋事例

在用行为事例提问时，常常离不开以下几个要素："你""最需场景""期望结果"，以及"事例"（见表 6-3）。

表 6-3　行为提问公式

精准的行为提问公式	原因
为什么用"你"	✓ 没有对"你"的提问,考察的不一定是候选人本人 ✓ 如对"你们/你们企业"提问,用整体代替个体的"你"
为什么用"最"字场景	✓ 在什么情况下最需要这个素质 ✓ 这个素质在什么场景下更重要、更可贵
为什么用"期望结果"	✓ 没有"期望结果"的提问,无法考量候选人做得怎样
为什么用"事例"	✓ 没有"事例"就没有行为,就无法分辨候选人素质的高低

重点一：考察本人

面试考察的是候选人本人，因此在提问时，一定要强调"你"的行为，才能帮助面试官精准判断。提问候选人本人的角色、行为，而不是他的企业/团队是如何做的。当候选人出现"我们""我们团队"等字眼时要及时打断并纠正。

重点二："最"字场景

一般的事例很难判断候选人是否具备所要考察的素质，素质常常在最需场景下才易表现出来。"最"字场景将会衡量候选人的成就水平，也会了解候选人的成就感来自哪里。

（1）最优情境，考察候选人做得最好的方面：请分享，你过往最得意/最自豪/最有成就感的成果。

（2）最难情境，考察候选人在处于不利的情况下应对困难和解决问题的能力：请分享，你主导解决最复杂问题的事例。

（3）最极端情况，考察候选人面对极端情况的表现：请分享，你成功解决的与上级和同事出现的最激烈的一次冲突或不一致的事例。

（4）最逆向情境，考察候选人对错误的态度和处理方式：请分享，你通过努力为企业挽回重大损失的案例。

重点三：期望结果

什么是期望结果？在某个"最需场景"下，面试官希望候选人表现出来的某个素质项，要达成什么目的，就是期望结果。用"期待结果"框定范围，来考量候选人做得怎样,可以让提问更精准、更有效。

重点四:事例支撑

面试时事例询问可以有效地识别"面霸"。说得清楚不代表事情是他干的,更不代表他能干得好,所以候选人要证明自己的能力就得落实到具体细节和事例上。如果不强调用事例来回答问题,候选人往往会用认知、计划、决心、意愿、判断等来回答,回答内容是模糊的,没有真正体现在行为上。

测试练习

练习1:表6-4中哪列是开放性问题?哪列是封闭性问题?

表6-4 辨别开放性问题与封闭性问题

列 1	列 2
1. 你是怎样分派任务的?是分派给已经表现出有能力完成任务的人,还是分派给有兴趣完成该任务的人?或者是随机分配的	1. 请描述一下你是怎样分派任务的,并举例说明
2. 你觉得人生中最大的激励是从金钱还是从工作中获得的	2. 你认为什么是生活中最大的激励?请举一个例子说明
3. 你的前任主管是一个严厉的人还是一个随和的人	3. 你如何评价你的前一任主管?请你举一些具体的实例来说明
4. 你的团队沟通能力好不好	4. 你以前是怎样和你的团队进行沟通的?请举一个例子说明
5. 在你今后的职业生涯中,你会继续在这个领域工作还是会做一些别的事情	5. 你的中长期职业发展计划是怎样的
6. 我们加班比较多,你能接受吗	6. 你以前的工作加班情况是如何的

(答案:列1为封闭性问题,列2为开放性问题)

练习2:表6-5中哪些是行为事件问题,哪些是假设性问题?

表6-5 辨别行为事件问题与假设性问题

序号	问题与描述
1	请给我们例子,说明在你过去的经历中,取得过的最好业绩
2	请讲述在过去的经历中,你面对巨大的困难和挑战,通过你的积极努力,解决并跨越的例子
3	请讲述一个你真实的例子,你曾经为自己设立了一个目标,并通过努力已经达成了这个目标
4	如果加入企业,你怎样做好销售总监职位

（续表）

序号	问题与描述
5	请举一例，说明你对某个问题进行了深入分析，得出了正确的结论，并采取了有效的行动
6	10年之后，你希望做到什么职位
7	当你处于某个领导职位时，你觉得获得他人合作的最有效方法是什么
8	你认为你的最大弱点是什么
9	在你的经历中出现企业利益与自我利益冲突时，你是怎样做的

（答案：1、2、3、5、9是行为事件问题）

第二关：STAR追问

面试官掌握了行为提问方法，才算设置了安检系统的第一道关。在面试过程中，候选人存在紧张、掩饰、虚假陈述、片面、没深度等问题，面试官必须有效挖掘候选人的真实行为信息。只有掌握的信息真实、全面，面试官才能准确判断候选人素质和能力，因此面试官必须掌握STAR追问技巧。

华为原人力资源副总裁吴建国说道："作为一个管理者，准确识人是一项基本功。"大量研究表明，对过去关键行为的描述有助于人们准确判定候选人的素质和技能，STAR追问是一种结构化的行为面试方法（见图6-3），经过反复锤炼，面试官掌握这套技能之后，可以有效减少大部分随意提问的现象，让企业的人才识别率提高到60%以上。

所谓STAR追问就是，面试官在应用行为面试法时，通过下述4个层面引导追问，从而让候选人较为全面、详细地阐述和讲解其过往行为事例的方法。通过掌握STAR追问技巧，不仅可以考察候选人所述信息的真实性，同时也能有效判断候选人各项素质的优劣性。对于面试官来说，STAR追问是结构化行为面试法中最为关键的核心技能之一，它直接决定了面试精准性或者说是识人准确性的高低。

面试官在运用STAR追问技巧时，为确保能够获得候选人较为完整的、真实且有深度的信息，必须知晓如下四大关键技巧。

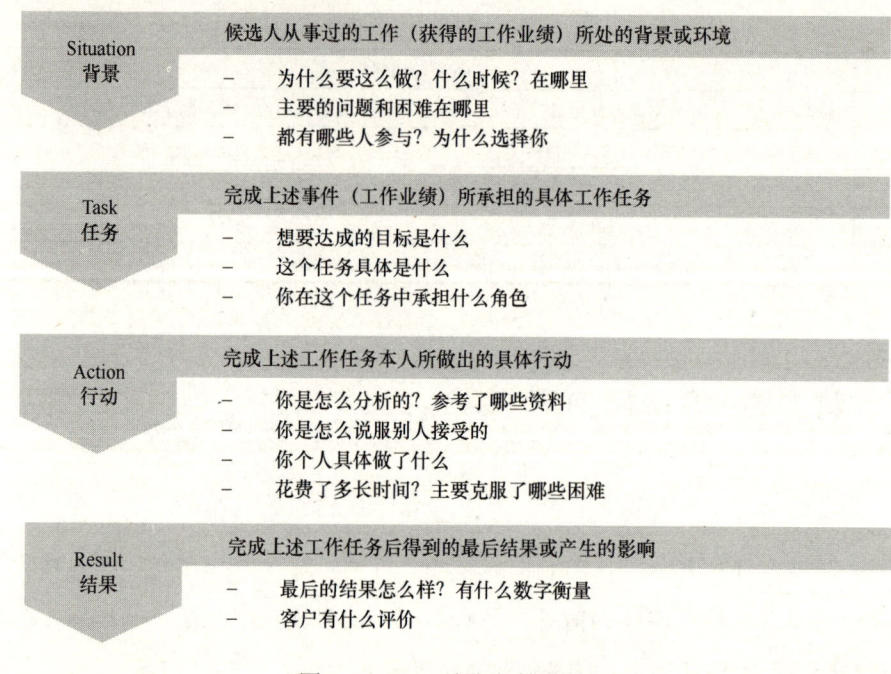

图 6-3 STAR 含义与精准追问

追问的四大技巧

追问技巧一：关注行为

面试官要问行为问题。为考察候选人进入企业后能否如期地创造价值，面试官在面试中常会急切地询问候选人对未来的想法。

关注行为的错误问法都是假设性问题，得到的答案多基于候选人对未来的假设判断，或是他认为的、觉得的，而不是事实。候选人在回答这类问题时，更多地基于获得岗位的需要而给面试官一个他们认为最标准、最完美的答案，而事实上他们在现实中很可能做不到。考察候选人的素质和未来绩效，需要通过他过去的真实行为，而不是他对未来的假设想法来识别（见表 6-6）。面试官们要谨记的是：假设问题问认知，行为问题考察素质。

追问技巧二：考察本人

为什么很多大企业的人才进入小企业后产生的价值往往没有预期的好？哈

佛商学院鲍里斯的研究发现，大多数人的才能并不容易移植。大企业人才的绩效取决于流程、平台、产品、人才、政治5个因素，所以，有些人在一种环境中是耀眼的明星，在另一种环境中却会陨落。这种人对其他企业来说就不是人才。所以在面试过程中，面试官要警惕"光环型"人才，即那些有光鲜的职业履历背景的人，在你面前夸夸其谈的人可能是大企业淘汰的人或是"体系型"、"平台型"人才。

表6-6 关注行为的问法对比

序号	关注行为的错误问法	关注行为的正确问法
1	针对这个问题，你认为应该怎么做	针对这个问题，你是怎么做的
2	在提高部门绩效方面，你打算怎么做	在提高部门绩效方面，你是怎么做的
3	当你与上级意见不一致时，你认为该怎么做	请举例说明，你与上级意见不一致时，你是怎么做的
4	你认为应该怎么做才能达成那个目标	在前一家企业做成了什么事情？给企业带来哪些好处？从中你得到了什么

面试过程中常出现这样错误的提问，面试官看似要考察候选人的能力，实则只能考察候选人所在的企业和团队。

正确的做法是，面试官一定要追问候选人本人的角色，以及本人的行为，而不是他的企业/部门/团队是如何做的，尤其对于有大企业背景的候选人，他的企业/部门/团队能做到的不一定是他本人能做到的（见表6-7）。因此，在面试过程中，面试官一定要注意候选人在陈述行为事例时的字眼，一旦出现"我们""我们企业/团队"时，面试官就要警惕，并且及时打断并将问题聚焦于他本人进行追问："你的角色是什么？""你做了什么？"

表6-7 考察本人行为的问法对比

序号	错误问法	正确问法
1	你的团队通过合作拿下的最大订单是什么	请介绍一个你过往最成功的案例
2	遇到紧急情况，你们团队怎么处理的？介绍一个事例	在这个项目中，你的角色是什么？你具体做了什么
3	面对一个需求不明确的客户，你们是怎么成单的	请介绍一个过往最具挑战性的案例
4	你们企业让客户最满意的项目是什么	你是怎样开发、维护与大客户的关系的

追问技巧三：讲我所需

仅有的 1 小时面试过程中，谈及某话题，候选人滔滔不绝，面试控场者悄然地由面试官变为候选人，面试过程变成候选人的个人秀，演变为漫无目的的聊天，严重降低了面试的效率。此时，面试官应该主动打断候选人滔滔不绝的讲述，聚焦想要考察候选人的素质项行为问题（见表 6-8）。面试中，为保证面试效率和精准度，面试官一定要通过问题来引导候选人阐述，面试的主导者是面试官，面试官们需要倾听的是自己想要听的，而不是候选人希望告诉自己的。

表 6-8　讲我所需的正确问法

序号	正确问法
1	为了保证业绩大于 50%，你具体是怎么做的
2	为了保证业绩大于 50%，具体的方法是什么
3	为了保证业绩大于 50%，解决了哪些问题
4	为了保证业绩大于 50%，你是怎么做的？请详细讲述一下

有些面试官担心面试过程中打断候选人会带来不良的面试体验，但面试官要思考：面试体验固然重要，但真实考察候选人更为重要。事实上，适当打断方向有偏差的回答也算一种有效的情境压力测试，借此可以考察候选人的应变能力；另外，为避免不良体验，可在面试结束时，可询问候选人对讲述被打断的看法，并适度表达歉意去缓和给面试者带来的不舒服感，同样能够达到提升雇主品牌的目的。

追问技巧四：选择优秀

面试过程中，面试官会倾向于寻找工作经验丰富的人，试图通过工作经历的匹配度来预测将来的工作行为。

殊不知，企业需要找的是具备成功做事能力的人，而不仅是做过事情的人。做过的人可能是失败者，而企业要的是成功者，所以成功经验非常重要。成功经验更多的是指通过在实际操作中成功实践得来的知识或技能，是经历所积累的理念、方法或能力。经历并不等同于成功经验，经历只能说明候选人见过或做过某事，并不代表其有做成某事的能力。所以，面试官在问行为事例时，要更关注其成功经验，选择优秀人才的问法对比如表6-9所示。

表6-9 选择优秀人才的问法对比

序　号	错　误　问　法	正　确　问　法
1	你有过……的相关经历吗	举例说明在产品研发方面，你主导取得的最大成就是什么
2	你之前做这件事的时候是什么背景	你在销售方面取得的最大贡献是什么
3	你之前的整件事是怎么做的	举例说明在提高招聘准确度方面你的成功做法
4	你做完这件事后有什么感受	举例说明你解决的最大难题（在产品研发方面）

追问行为的关键句式

STAR追问中对"行动"（A）的追问最重要。以下总结了追问行为的关键公式：

关键句式=关键行为+预期效果

要追问候选人具体采取了哪些行动达到预期效果的成功经验，如表6-10所示。

表6-10 追问行为的关键句式示例

素质考察项	追问行为的关键句式
说服影响	你的哪句话才是最打动他的
坚韧抗压	你做出的努力中，哪些行动帮你走出了低谷
学习成长	在你以往的学习成长中，哪些学习行动取得的效果最好
团队协作	你的哪些行动，促成了你与团队的成功协作
风险管控	你采取的哪些措施，成功帮助企业规避了风险
组织推动	你是如何成功推进这项变革顺利完成的
情绪管理	你是如何调整自己，让自己不再那么容易生气的
灵活应变	你具体做了什么，让你成功应对这起突发事件的

CHO业务思维的深度追问

面试背景：业务思维是CHO的核心素质之一，为考察候选人是否具备业务思维，面试官针对候选人的项目经验进行一系列的STAR追问，最后根据候选人过去的经历和行为，判断候选人是否具有业务思维这项素质。

提问：针对业务思维的提问

Q：请你分享，在过往的工作经历中，你从人力资源角度提升组织效能最大的案例。

A：我曾经针对公司战略要求做过相应的人力资源变革。

追问：为什么这样做？（第1次）

Q：为什么要做这项变革呢？（S）

A：公司经历了从上市到成为国内医疗器械行业龙头企业，每年保持40%以上的增长。传统的制造业工厂主要以人力为主，在2019年的时候，我们的CEO提出了一个战略要求，就是少用工、用好工，提升工厂自动化。在这个战略要求的背景之下，人力资源做出了相应的支持和变革。

Q：你当时的角色是什么？（T）

A：我是这次变革的主导者。

追问：你是怎么做的？（第2次）

Q：请举一个具体的例子介绍你是如何做的。（A）

A：我觉得人力资源有关键的几个环节，一是人才的选聘，二是内部人员的培养与转型，以及相应机制的建立。我主要是针对第二点。因为公司当时处于奔跑期，我们的经营干部、中层干部能力结构和知识结构不能很好地符合公司当时的要求。基于此，我就牵头带领我们的管理干部走出去，到成熟的企业做调研，同时从专业技能和管理能力方面提供一系列相关培训。

追问：具体有哪些措施？（第3次）

Q：那你主要采取了哪些措施？（A）

A：采取的主要措施集中在生产部门，这些部门逐步用自动化的设备代替员工，那么在这个过程中，对一线员工的技能提出了更高的要求，同时，更高的机械化操作技能及更多的个性化需求就会对管理者提出更高的要求。因此我们针对这些提高的需求制定了一些对应的培训与研讨。

追问：具体做了哪些事？（第4次）

Q：那你在这整个过程中，具体做了哪些事？（A）

A：在这个过程当中，首先我会和业务部门沟通他们的需求点，确定需求点，然后由我的团队进行分工和布置，包括寻找资源，落实具体的培训计划。

Q：这个工作都是由谁主导完成的？（T）

A：我主导，带领整个人力资源部推动落地。

Q：那人力资源部在这个过程中会遇到什么问题吗？（S）

A：会遇到人力资源以外的困惑。

追问：再次不断深入提问（第5次）

Q：那你举一个例子，有哪些困惑？（S）

A：我本身是文科生，所以对人力资源接触起来相对比较容易，但是，在这个过程中，需要接触一些困难的精益化管理。

Q：举一些具体的例子来说明这个困难。（S）

A：我们公司这两年也提出精益化的管理要求，它是贴近生产环节的，而人力资源部没有主导过生产环节，这种情况下很难抓住生产当中的薄弱点。

追问：具体有哪些措施？（第6次）

Q：你是怎么做的？（A）

A：我一方面提升自己的专业知识去了解基础流程，另一方面和生产部门的副总、各个分厂的厂长做一些分享和交流，包括参加他们的周例会、月度例会，从中了解他们的需求，然后再从人力资源的角度去解决这些需求。

Q：有多少人参加这个项目？（S）

A：我们成立了一个精益化的小组，核心成员12~13位，另外，我们公司的人才组织架构是非常健全的，每个分厂有自己的精益化小组，形成了自上而下的精益化推进机制。

Q：由哪些核心人员构成？（S）

A：公司层面的核心人员有公司的运营副总、质量总监、精益办的负责人、HR负责人、财务负责人。

Q：人力资源部在这个项目中具体有多少人参与？（S）

A：人力资源部在这个项目中一共有3个人参与。

Q：人力资源部这些人在这个项目中具体做了哪些工作？（T）

A：人力资源部更多的是提供培训资源，还有就是因为精益化管理对公司的效益有可量化的提升，作为评估小组的成员人力资源部是参与其中的。

Q：这个过程用了多长时间？（A）

A：我们这个精益化推进是在2019年年初开始启动的，目前进入项目的第二个阶段，第一阶段我们将近花了两年的时间。

追问：取得了哪些成果？（第7次）

Q：第一阶段主要取得了哪些成果？（R）

A：第一阶段我们主要使人均的日产值有20%的提高。

……

上述案例中，面试官全程针对业务思维这一素质进行了 STAR 追问。首先从背景进行提问，然后逐渐聚焦到具体的行为中。候选人一开始虽对过程做了简单的描述，但面试官为明确候选人在这个过程中的具体表现，共追问了7次，而且抓住了重点，主要在行为层面进行追问，而后又问了几个相关问题以验证候选人所说的真伪。最后得出的判断是：候选人的确参与过此次变革，也有些创新举措，但对问题的思考程度比较浅，业务思维这个维度的考察不予通过。

看似简单重复的追问过程，实则从候选人过去的行为有效预测了其未来是否能胜任该岗位，最大限度地减少了主观判断的失误，帮助做出更加客观、精准的用人决策。

➡ 第三关：性格测评

有效预测绩效的大五人格测评

在面试过程中，即使有意识地使用 STAR 追问面试法，若面试官掌握和运用程度不够，在判断的精准度上仍有提升空间。因此，可以采用基于"大五人格"的性格测评来辅助判断，并作为面试过程中的提问参考，进一步提高判断的准确度。

所谓"大五人格"理论，来自心理学家研究发现。奥尔波特等人于1936年从《韦伯斯特大词典》中挑选出了17953个描述人格的词汇；1949年卡特尔对这些词进行了筛选，形成了160个同义词、反义词配对；1949年费斯克基于卡特尔的筛选进行因素分析，第一次获得了五个人格因素，随后很多心理学家进行了类似研究，均得出了相对稳定的五个人格因素特征，并在不同地区的人群身上获得了相同的答案，即人格特质都可以从情绪稳定性、外倾性、亲和性、思维开放性、尽责性五大维度进行说明，由于五大维度英语首字母可以拼成OCEAN，大五人格理论又被称为人格的海洋。DR01（德锐咨询人才性格测评）也是基于大五人格理论开发的。德锐咨询人才性格测评大五维度如图6-4所示。

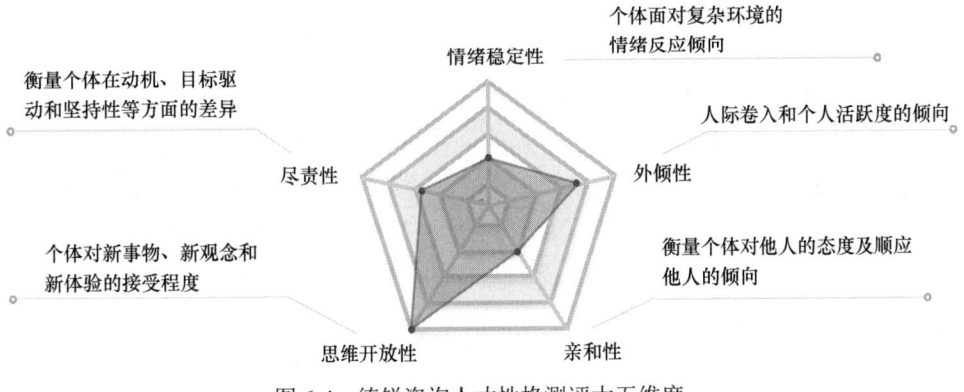

图6-4 德锐咨询人才性格测评大五维度

早在20世纪80年代，心理学家们就开始不断地探索大五人格对工作绩效的预测效果，随后大五人格理论就开始运用于人才选拔。Hurtz和Donovan在2000年对1974—1997年对于大五人格与绩效关系的26项实验进行了综合分析，结果显示尽责性对业绩表现的预测性最高，对于不同岗位尽责性的预测力可以达到15%~26%，其中对销售与客户服务人员的业绩表现预测力最高。大五维度对业绩的整体预测表现如图6-5所示。

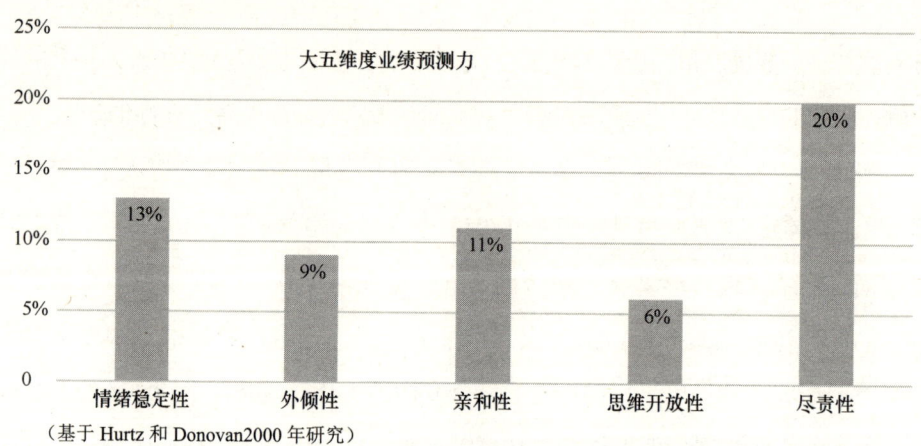

（基于 Hurtz 和 Donovan 2000 年研究）

图 6-5　大五维度对业绩的整体预测表现

大五维度对不同岗位的业绩预测力如表 6-11 所示。

表 6-11　大五维度对不同岗位的业绩预测力

	销售人员	客户服务	经理	技术人员
情绪稳定性	13%	12%	12%	8%
外倾性	15%	11%	12%	1%
亲和性	5%	17%	−4%	10%
思维开放性	4%	15%	−3%	−2%
尽责性	26%	25%	17%	15%

（基于 Hurtz 和 Donovan 2000 年研究）

这意味着，通过大五人格理论为基础的测评工具，可以根据岗位特征对业绩表现进行有效预测，帮助企业识别最有可能胜任岗位的候选人。

针对性格的测评在企业招聘中的应用越来越广泛

基于冰山模型理论的不断传播，企业越来越意识到冰山下素质的重要性，也不断寻求各种方式对候选人的冰山下素质进行评价。性格特质属于冰山下重要部分，而且深深影响着个体的工作行为方式，具备跨情境的一致性、跨时间的稳定性等特点，针对性格的测评在企业招聘中的应用越来越广泛。

《2021 年人力资源数字化建设水平和转型能力调研报告》中提到，企业经营管理层对人才测评的需求比例高达 72.7%，排在所有需求中的第 9 位，如图 6-6 所示。

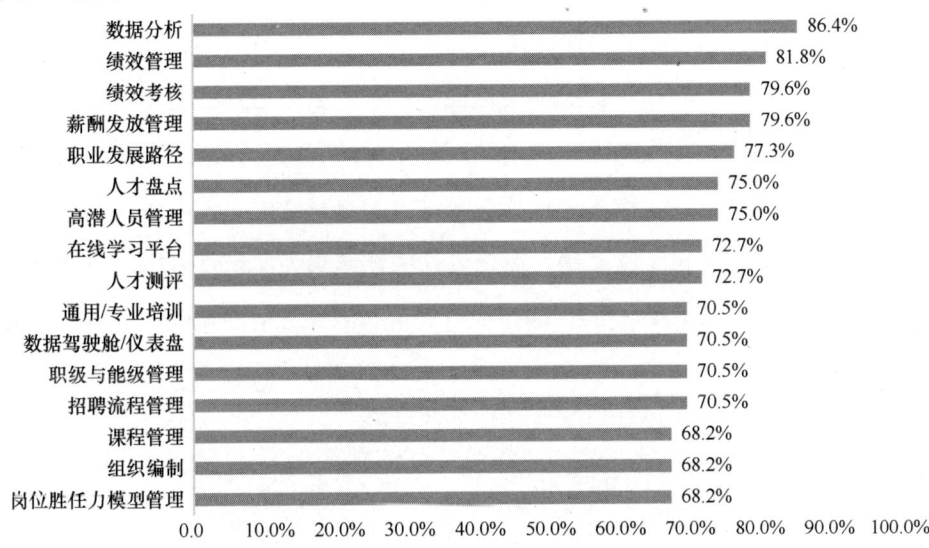

图 6-6　企业经营管理层人力资源业务需求情况（仅列举前 15 个）

《2021 中国企业校园招聘白皮书》数据显示，2019—2020 年 14%的企业在校招中应用个性化测评，2020—2021 年这一比例增长到 19%，如图 6-7 所示。企业在人才选拔中的测评需求，以肉眼可见的速度在增长。

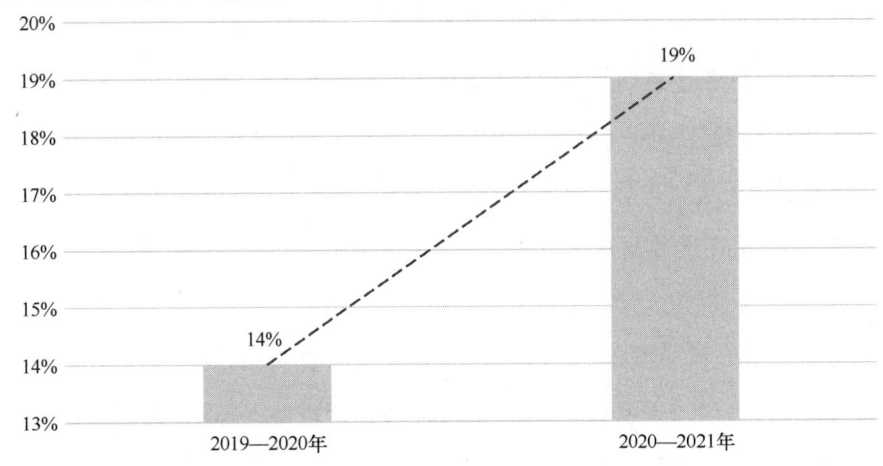

图 6-7　校招企业近两年使用个性化测评的比例

对德锐咨询过往应用测评产品的客户进行分析，95%的客户将测评应用于招聘环节。

多数情况下，面试官借用行为提问和 STAR 追问，即可对候选人做出相对精准的判断，但也会存在一定的不确定性，此时可以借用性格测评结果来佐证面试官的判断，进一步提高面试的精准度。与面试官的个人判断不同，性格测评是候选人的一种自评，结果体现的是候选人的自我认知。性格测评结果，既不能一概否定，也不可全盘接受，而是要让测评结果为面试官所用。面试官可借助测评佐证矩阵（见图 6-8），通过面试评价和测评分值匹配度两个维度，做出更准确的判断。

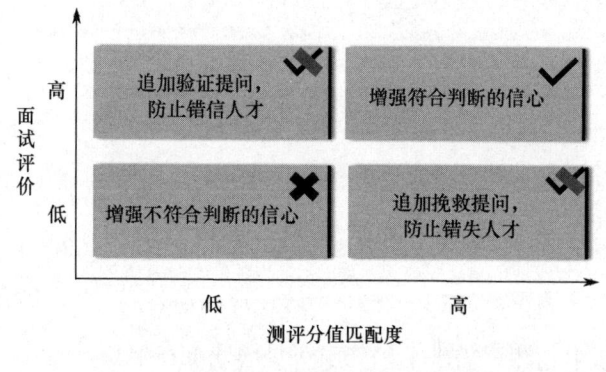

图 6-8　测评佐证矩阵

当面试评价和测评分值匹配度得出来的结果保持一致时，即"面试评价高，测评分值匹配度高"（双高），或"面试评价低，测评分值匹配度低"（双低），这样的结果可以增强面试官的判断信心，使其快速地做出判断。

而对于面试评价和测评分值匹配度得出来的结果不一致时，面试官则需要进行提问和追问，防止做出错误的人才决策。对于"面试评价高，测评分值匹配度低"的情况，面试官不能匆忙依据自己的评价做决定，而是需要通过不同维度进行提问，再验证。当"面试官的评价较低，而测评分值较高"时要进行挽救式追加提问，可能存在的风险是候选人未能充分展现或判断出现了误差。

不论是验证式提问还是挽救式提问，都以面试官评价作为主要的判断依据。通过测评佐证的方式，可以最大限度地帮助面试官避免错失人才或错信人才，提高选人决策的精准度。

一位怕给别人添麻烦的"协作者"

以下是这样一位候选人，通过行为面试方法，面试官判断其团队协作的素质水平较高，具体体现在：跟团队成员保持比较好的关系；团队需要时，及时补位；在团队遇到问题时，能够积极参与团队的讨论和决策，献计献策。

但是从性格测评上，候选人的合作性这个维度的得分比较低，如图6-9所示。

亲和性	更多从自身需求考虑，对他人感受和需求不敏感	9. 同理心 31	设身处地理解他人，对他人需求感同身受
	倾向于独立工作，与他人意见不一致时不愿让步	10. 合作性 24	关注团队目标，包容他人，避免团队冲突
	倾向于展现自己，突出个人贡献，对于他人建议的接受程度低	11. 谦虚性 31	处事低调，不固守经验，倾向于接纳他人意见
	优先关注个人需求，避免因他人或团队而影响自己的利益	12. 利他性 34	关注他人或团队需要，主动提供帮助

图6-9 候选人亲和力维度的得分

在此基础上面试官进一步了解两者产生差异的原因，追问了行为背后的动机。

Q：请分享，你在过往遇到困难的问题时成功解决的案例。

A：之前，导师有次让我带领学弟、学妹共同完成一个实验，并进行一篇期刊论文的发表。因为这个实验周期比较长，我们小组的每个人平时还有很多课程要完成，所以整个节奏是非常快的。刚开始大家配合度还可以，我为了激励学弟、学妹，还会和他们一起聚餐，但是在后期确实有忙考试的，有忙实习的。后期基本上都是我一个人完成了实验，论文也是我承担了大多数，就是不想麻烦他们。

Q：你为什么会觉得团队协作就是会麻烦别人呢？

A：如果这个目标和问题是团队的，那我会选择团队一起处理，但是如果是他人也比较忙的时候，我会觉得不好意思。

通过补充提问，面试官了解了候选人行为背后的动机，也更能理解测评结果合作性低的原因。不是因为候选人协作能力差,而是因为担心自己会给他人添麻烦而选择能自己解决的问题就自己解决。也验证了她得分较高的同理心测评结果。最后在录用讨论环节,面试官能给出的结论还是协作性高,但同时给到的任用提醒是:在日后的一些工作场景中及时提醒,鼓励克服心理障碍,主动寻求资源和他人的帮助,将有利于更快地解决问题。

"可靠性"低的财务总监

以下是这样一位财务总监,他经验丰富、面试表现也很优异,性格测评显示尽责性维度得分较高,其中条理性、自律性、关注细节得分都偏右,但可靠性偏左,如图 6-10 所示。在面试过程中,该候选人表现良好,经过多次 STAR 追问,在可靠性的维度都未发现问题,但面试官仍不放心,在后续背调环节,重点询问了该候选人的合规表现,经过细致的调查,果真发现该候选人离职的原因是违反了公司的财务规定。

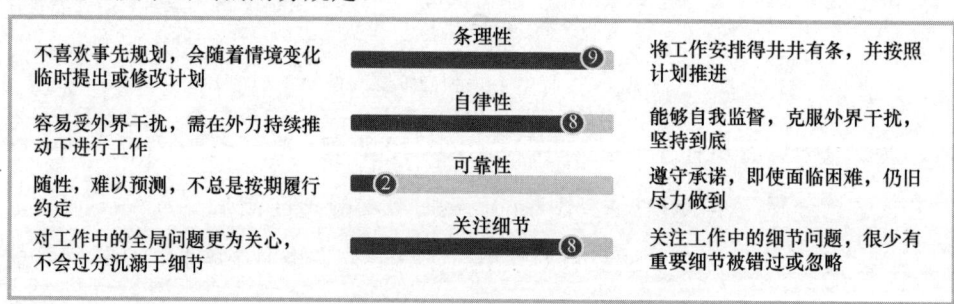

图 6-10 候选人尽责性维度得分(部分)

性格测评提高 14%选人准确率

早在 20 世纪八九十年代,很多学者就性格测评对企业中员工业绩表现的预测力进行了研究。1998 年,弗兰克·施密特通过对过往 85 年来大量相关研究的综合分析,总结了 19 种预测工作业绩的方法/工具对人才选拔准确度的预测力。结果发现,仅凭工作经验选拔人才,其选拔的准确率仅有 18%,仅凭受教育背景,其选拔的准确率仅有 10%,但结合认知能力、性格测验的方法进行选拔,其预测力达到 65%。具体来看,即使在应用认知能力测评的基础上,应用性格测评仍能提高 14% 的预测力，如图 6-11 所示。

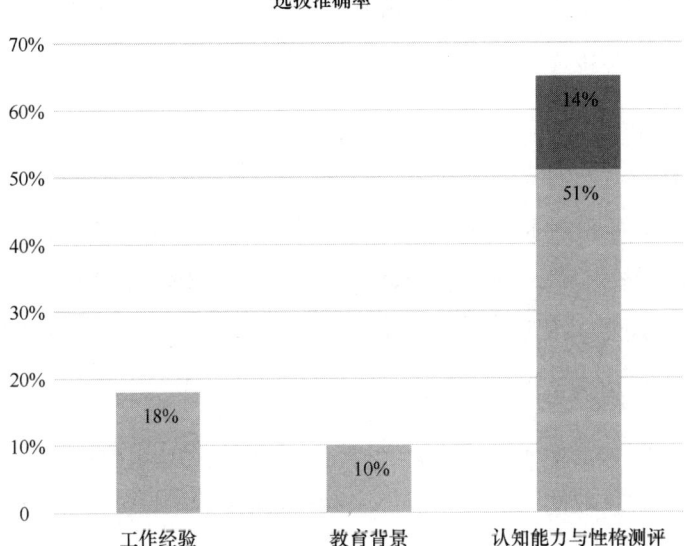

图 6-11　不同选拔标准的选拔准确率

第四关：直觉验证

在面试的各个关口，面试决策都显得尤为关键，有时甚至是一种理性和直觉之间的平衡。

当评估技能或信息不充分时，人们很难把事实和感觉区分开来。简单依靠个人直觉往往会做出糟糕的人才决策。而随着面试次数的增多，直觉决策的可信赖度会有所提升。美国创新领导力中心在对高管人员甄选的研究中注意到，许多他们面试过的高管人员并不是人才评估方面的专家，其中有 20% 的人从来没有参加过高层职位的招聘选拔工作。然而，他们一旦拥有了丰富的经验，就可以更多地听从直觉，因为他们会综合在过去的人才决策中学习到的经验做出判断。

行为提问、STAR 追问和性格测评属于科学的面试方法，该方法让经验阅历不够深的面试官也具备精准识人的能力。直觉不是轻易习得的，没有阅人无数的经历，通常难以使用直觉，但直觉也是有效的，基于长期的经验积累和多次失败，可以帮忙挑选到更加合适的人。

直觉验证的好处如下。

（1）补充科学分析的不足。面试虽然采用了科学的方式，但是面试官仍然是人，会受到个人经验、情感和偏见等因素的影响。这些因素可能导致面试官在面试中忽略一些重要的信息，或者对某些信息进行错误的解读。直觉验证可以帮助面试官补充科学分析中的不足，从而更全面、准确地评估候选人的能力和适应性。

（2）提供额外的信息和判断。直觉验证可以在面试结束后进行，可以是面试官针对候选人的整体印象、语言表达、情绪状态等方面的直觉判断，也可以是通过其他方式获取的候选人的信息（例如，候选人在社交媒体上的表现、推荐信等）。直觉验证可以帮助面试官确认或纠正自己的科学分析，同时还可以提供额外的信息，为最终的决策提供更多的参考。

（3）更好地了解候选人的个性和文化背景。直觉验证可以帮助面试官更好地了解候选人的个性和文化背景，从而更好地评估候选人的适应性和潜在的贡献。例如，面试官可以观察候选人的言谈举止、服装打扮、面部表情等方面，进一步了解候选人的个性和文化背景。

直觉验证可以帮助面试官更全面、准确地评估候选人的能力和适应性，提高面试的效率和准确性。同时，直觉验证也需要注意避免主观偏见和歧视，保证评估的公正性和客观性。

德锐咨询多年的管理咨询实践发现，在依靠直觉的人才决策过程中，会有很多因素影响着面试官的判断。例如，有些面试官会因为候选人的某一特征与自己非常相似而轻易做出人才决策。也有研究表明，人们更倾向于选择自己熟悉的事物，当招聘和我们一起工作的人时，我们是在寻找组织和个人之间的"良好匹配"。但在很多情况下，我们更愿意聘用让我们觉得舒服和熟悉的人，而不是寻求能力与互补性的最佳组合。

也有些企业决策者对候选人的直觉判断，取决于参考其他人的判断结果，他们往往顺从大多数人的意见而错用了一个人。这种从众心理被称为"羊群效应"。想象一群鹿或一群羚羊，最安全的地方就是中心位置，而群体最边缘的位置则最有可能被猎食者袭击。

虽然直觉决策影响企业的选人效率，但是有些企业恰恰相反，过于理性，用人决策一拖再拖，特别是当面试还顺利的时候，他们会夸大改变的风险并忽视维持现状的机会成本，这样的拖延也会给企业带来大量人力物力的浪费。在科学面试法的基础上，辅以直觉，能加强面试的准确性，单独用直觉判断是不稳定的。

基于直觉与理性的偏差，为更好地利用直觉判断，德锐咨询设计了用人决策的直觉验证10问（见表6-12），该表在复试阶段可帮助面试官更好地做出用人决策，但始终建议以直觉判断为方向，用行为面试方法验证做决策。

表6-12　直觉验证10问

题　　目	是	否
1. 在直觉上，我能相信此候选人说的话吗		
2. 把重要任务交给此候选人去办，我能放心吗		
3. 此候选人如果没有光鲜的优秀企业的经历，我还会选择他/她吗		
4. 如果有更多的候选人，我现在是否会选择他/她		
5. 此候选人至少比我们现有团队较差的20%的人优秀吗		
6. 此候选人如果应聘我们竞争对手企业，会有影响吗		
7. 我能从此候选人这里学到我现有不足的能力吗		
8. 此候选人在未来是否能够达到企业的晋升标准		
9. 如果其他面试官不同意，我还会用他/她吗		
10. 如果我不用他/她，会后悔吗		

注：如果答案"是"在7个及以上，建议进入下一关。
　　如果答案"是"在6个及以下，可以再进行进一步的验证与考察。

第五关：背景调查

背景调查结果吓人一跳

A公司面试了一位经理候选人，该候选人的履历非常丰富，面试表现让

> 公司合伙人觉得比较匹配要求。总经理因未参加复试，就趁出差间歇在车站见了候选人，结果也是非常满意。但面试流程并没有在这个时候结束，公司坚持对重要岗位要做 3~5 人背景调查。做了 2 人背景调查后结果也很满意，但在问第 3 个人的时候，答案却让我们大吃一惊。对方在确定了我们不会泄露从他那儿获得的相关消息的承诺后，表示那位候选人工作能力优秀，但团队管理能力偏弱，下属普遍不认可他，跨部门合作意识差，以自我为中心。当不得不让其离开公司时，因与公司没有谈妥离开的付薪条件，便利用职务之便在公司恶意散播中高层的负面信息，在公司引起了轩然大波，给公司的经营带来了极大的损失，甚至在最后离开的时候，要挟人力资源部今后不得向其他背景调查公司透露此情况，否则就对外公开更多有损公司信誉的事情。A 公司在得知此情况后，直觉背后发凉，及时停止了对此人的任用决策。

若当时没有对此人进行背景调查，A 公司很可能就做出聘用此人的决策，而该决策无疑潜藏着较大的用人风险。

费洛迪在《关键人才决策》中写道："即使面试双方都是圣人，从未有意粉饰公司或自己的成就，他们依旧在说谎。"原因是：研究表明，人有一种本能的倾向，总认为自己比现实中的表现更优秀。戴维·邓宁、奇普·希思和杰瑞·M. 苏尔斯于 2004 年 12 月发表了数十年来的研究成果：绝大多数人都倾向于认为自己的能力处在平均水平之上。例如，在对近 100 万名高年级学生所做的调查中，70%的学生认为他们的领导力高于平均水平，而只有 2%的学生感觉他们的领导力低于平均水平。我们中的大部分人丝毫没有意识到自己的这种倾向，自然也就容易夸大优点，缩小缺点。这种乐观倾向有其优势，它可以增强人的自信心，帮助我们完成自己设立的目标。但它也使得别人难以准确地评估我们，我们也难以评估有同样倾向的人。

这类自我膨胀的倾向出现在候选人的自我粉饰中，会导致面试官高估候选人。我们高估候选人的能力，通常基于两个错误的假设：第一个是认为人们能够快速地调整以适应环境，这种估计往往超过了人们的实际应变能力；第二个是认为在工作动机和实际能力之间存在高度相关性。事实是，如果员工没有必需的技能和经验，即使员工热情高涨也可能惨遭失败。而我们很多时候仅凭对方强烈的兴趣或意愿，就把他提拔到某个职位，不对这个人的能力做必要的考察，不仅其创造不了价值，同时也会让他本人有挫败感，最严重的是在组织内部形成了不良的示范效应。

为最大限度地减少候选人与面试官的过度自信，背景调查显得格外重要。虽然背景调查是一件非常耗时耗力的事情，但一旦企业坚持做，并掌握专业的背景调查技巧，就可高效构建入职前的最后防火墙，降低选人风险。

背景调查，学术上给的定义是，通过合法的调查途径及调查方法，了解候选人的个人基础信息、过往的工作背景、能力及工作表现，形成对被调查人员的综合评价，并通过获得的综合评价与候选人所提供的简历信息、面试收集的信息等进行对比，为人才决策提供有效的参考依据。

为了高效地完成背景调查，我们建议，背景调查可结合面试从候选人填写入职登记表与利用最佳背景调查方法两个方面开展工作。

面试登记表潜藏的信息

在面试之初，无论何岗位，即使候选人已带来简历，也应坚持让候选人填写面试登记表（见表 6-13），表格中有两处细节能最大限度地降低选人的风险，并为后续背景调查提供方便。其中有前同事与上级或同学与班主任（针对应届生）等联系方式的填写，此处信息一般要求候选人必须填写，并且填写完整，这是后续背景调查信息的主要来源。另外，面试登记表开头的"声明"能最大限度地起到震慑的作用，减少候选人填写虚假信息的概率。很多企业把提醒声明设置在登记表的最后，候选人在填写完信息表后才看见声明，这样的安排失去了对候选人心理震慑的作用。这是候选人面试登记表设计的技巧。

表6-13 面试登记表

××面试登记表

感谢您关注我公司！请您逐一认真填写本表内容，并保证全部内容符合您的实际情况，并在"声明"一栏中签名确认。您在应聘中提供的信息及资料，我们将严格保密。感谢您的合作！

声明
我确认在此申请表中填写的所有内容，是真实且完整的。我理解，任何虚假成分可能导致取消被雇用的资格，或者承担事后被解除雇佣的责任。 签名：　　　　　　　　　　　　　　　　日期：

一、应聘岗位：　　　　　　　期望薪资：　　　　　　　　　可到岗时间：　　　　　

二、个人资料

姓名		性别		出生年月		政治面貌	
身高	cm	体重	kg	户口所在地			
身份证号				联系电话			
邮箱				紧急联系人及电话			
联系地址							

三、教育/培训经历

起止日期	学校/培训机构名称	学位/证书	专业	相关证明

四、工作/实习经历

起止日期	受雇公司	职位	工资	离职原因

五、家庭主要成员情况

称谓	姓名	年龄	工作单位及职务

六、请提供以下人员的联系方式，以便我们做背景调查（注：会在正式发放offer前征得您本人同意后开展）

工作/实习单位1：			
直接上级	联系电话	HR负责人	联系电话
同事	联系电话		

工作/实习单位2：			
直接上级	联系电话	HR负责人	联系电话
同事	联系电话		

（仅针对毕业3年内的候选人）最高学历：			
指导老师	联系电话	班长	联系电话
同学	联系电话		

结构化的背景调查方法

获得了背景调查信息后,考虑到候选人利益,如何有效实施背景调查显得至关重要。

首先,背景调查需要告知候选人,并且获得候选人的允许,但无须透露向谁做背景调查。一般背景调查在已有录用意向后,发送录用通知之前进行(企业也可以在发出录用通知后进行背景调查,但在录用通知中须明确说明:背景调查若发现问题,录用通知则失效)。如果因为特殊理由不能在入职之前做背景调查(如只有一个工作经历,并且候选人仍在职),可以在试用期协议中补签相关条款,并在试用期进行背景调查,发现问题,及时补救。

其次,需采用与结构化面试同样的方式从背景调查协助人那里获取信息。沟通前须清晰列出背景调查问题;电话沟通时,先确定候选人与背景调查协助人的关系,并解释致电原因,在对方表明同意后,可以向背景调查协助人阐述自己对候选人的评价,并获取对方的意见。在询问过程中,要注意收集候选人在过往工作中的具体行为表现、业绩成果的具体化数据,以帮助佐证评估结果和任用决策。

针对以上信息,德锐咨询结合实践经验整理出背景调查核心 8 问,详见表 6-14。

表 6-14　背景调查核心 8 问

1. 基本信息(入职时间、离职时间、工作岗位及内容、薪资、管理的人数)
2. 业绩表现(他在贵公司当时的业绩表现如何?有哪些突出的亮点)
3. 上级、同事和下级对他的工作能力和综合评价(你如何评价他的能力?他的上级如何评价他?他的性格特点是什么)
4. 人员关系(他的人际关系怎么样?他与上级的关系如何)
5. 面试中的疑点(如某项素质在面试后还存有疑问)
6. 离职原因(他当时为什么离职)
7. 如果让你再次录用,你还会录用他吗(针对直接上级或总经理)
8. 为了更好地让他融入我们公司,并且获得理想的发展,你要提醒我们他的不足或最大的缺点是什么

科铭某项目经理背景调查

1. 背景调查范围

科铭坚持高标准的人才选择，对每位加入公司的候选人都会进行深度背景调查，包括校招加盟的应届毕业生。

某候选人有近11年的人力资源管理从业经历，因该候选人暂未提出离职，所以对其背景调查选择了他上一家工作了近8年的外资企业，涉及的证明人有直接上级、部门同事及直接下属共3人。

2. 背景调查渠道

候选人在应聘面试登记表上留下了其直接上级、两名同事及一名下属的联系方式，在背景调查之前通过网络渠道查到该公司的固定电话，并通过该方式联系其人力资源部。接听电话的人恰好是候选人提供的证明人之一，我们对候选人提供的证明人相关信息进行了一一确定，保证了背景调查证明人的真实性。

3. 直接上级背景调查实录节选

开场：您好，请问您是××先生吗？非常感谢您能接听我的电话。我是科铭企业管理咨询有限公司的招聘负责人。您原来的下属××前两天应聘了我公司的项目经理岗位，为了帮助您的原下属更好地成长，也为了我们做出更好的判断，想耽误您一点时间，对该名员工进行一下背景调查。今天我们谈话的内容都会高度保密，请您放心，谢谢。

基础信息背景调查此处省略，如入职时间、离职时间、工作岗位、薪资、管理的人数等。

Q：他在贵公司当时的业绩表现如何？

A：工作内容主要是同时推动各部门绩效项目，有员工考核、项目管理考核、设计考核等，工作量比较大。整体工作情况大家都比较满意，通过绩效实施使员工满意度得到提高，但个别项目也有些绩效推动得不是很成功。不成功的原因主要是某些项目因业绩情况不够乐观，项目周期经常变更，不利于考核，所以最终没有进行。

Q：有哪些突出的亮点？

A：撰写分析报告能力比较好，数据处理的能力较强，想法较多。

Q：请您评价下他的能力。

A：我对他比较满意，他的离开让我一时没能想到合适的候选人去接替他的工作，还好他给了我足够的准备时间。

Q：那您认为他的性格是怎样的？

A：性格比较开朗，有激情，比较有想法，但是有时会比较直接，也比较坚持自己的想法。

Q：他当时为什么离职？

A：当时公司虽然在进行绩效变革，但真实的投入并不多，他的很多想法未能有效实施，最后结合他个人的职业发展，决定选择更加专业、更有空间的公司进行发展。

Q：如果让您再次录用，您还会录用他吗？

A：我想会的，我们现在还保持着不定期的沟通。

Q：为了更好地让他融入我们公司，并获得理想的发展，您要提醒我们他的不足或最大的缺点是什么？

A：甲方和乙方还是有很大不同的，他还需要学习相关的专业工具与方法。

结束语：好的，今天非常感谢您的帮助，再见。

此外，我们还对该候选人的直接下级及同事进行了背景调查，得到的信息基本一致。最终该候选人成功录用，并顺利通过试用期。

巧妙使用背景调查

实施背景调查的过程中有些事项需要面试官们注意，否则很容易失去优质的人才。

1. 对何人做背景调查

企业常会纠结：需要对何人做背景调查？实践中发现，可根据岗位重要性对调查人数和深度做出区分。针对非关键岗位，人数控制在 2～3 人内；而针对关键性岗位，调查人数务必在 3～5 人。

2. 征询候选人的授权

背景调查一定要征得候选人同意，在不告知候选人的情况下，对其进行私下调查是非常不尊重候选人的做法，很容易损害企业在候选人心中的形象，而且私下调查也不符合法律的要求。因此，企业对候选人的背景调查在通知候选人并获得其同意的基础上进行，才是专业的、合法的，这样也能在尊重人才的基础上吸引优秀人才加盟。

3. 控制背景调查的时间

一个完整的证明人背景调查时间应控制在 15～30 分钟内。实际操作中，可根据具体岗位要求及证明人的实际情况进行调整。时间如果过短，追问到有价值的信息有限，不利于做出判断；若时间过长，也会给证明人带来困扰，引起他们的不满。

4. 人无完人，取长补短

"金无足赤，人无完人。"针对背景调查过程中能力符合工作岗位、价值观匹配的候选人，以往工作中即使存在失误或缺陷，只要不影响本职工作所需的素质，则可考虑录用。对于不足的地方，企业可以知其长、懂其短，提前制订好用人方案，帮助其改正，并通过岗位职责、组织分工、团队配合等进行互补，充分发挥其优势。

在对候选人做背景调查的过程中，若发现任何疑点，都应通过测评问卷或再次面试进一步深入验证。另外，对于一些非常重要的岗位，内部背景调查的难度比较大，可借助第三方公司的力量完成。

第六关：试用考察

医学上将用手术等方法将某一有活力的细胞、组织或器官移植到自体或另一个体中，使之继续发挥原有功能的疗法，称作移植。为确保移植的成功率，在移植手术前，需对双方某些组织要素进行配对，只有在所有指标都相符的情况下，才能移植。移植后也须关注是否有排异等现象，发现问题，及时处理，否则将危及生命。

人才发展质量检测四道关如图 6-12 所示。

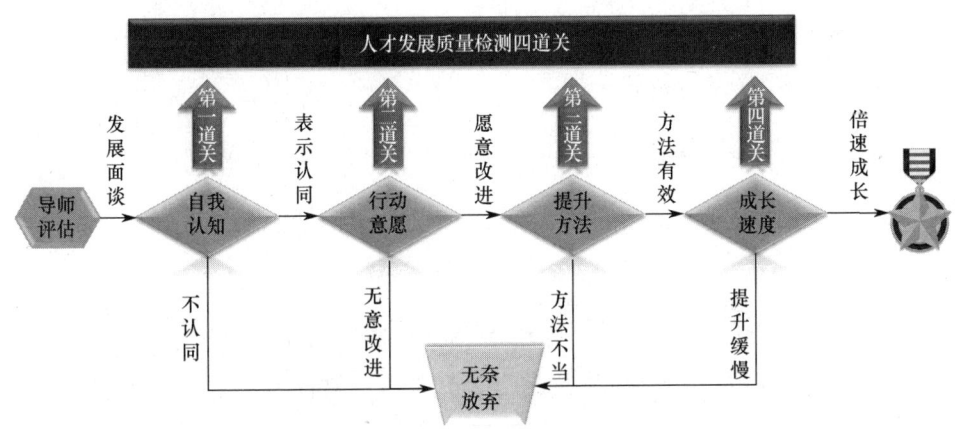

图 6-12　人才发展质量检测四道关

要像质量检测一样严格对待人才发展的每一道关，直到全部通关为止。

第一道关：自我认知

自我认知是指员工对自己的认知和了解程度。合适的员工应该具备以下特点：

➢ 对自己的能力和优劣势有清晰的认识，能够客观地评估自己在工作中的表现。

➢ 能够接受批评和建议，并愿意改进自己的工作表现。

➢ 能够积极主动地学习和探索新的知识和技能。

第二道关：行动意愿

行动意愿是指员工对工作的态度和热情。合适的员工应该具备以下特点：

- ➢ 对工作充满热情，有积极的工作态度。
- ➢ 能够自主地解决问题，不需要过多的领导干预。
- ➢ 能够适应企业的文化和价值观，并与企业的团队进行良好的合作。

第三道关：提升方法

提升方法是指员工在工作中提高自己的能力和技能的方法和途径。合适的员工应该具备以下特点：

- ➢ 能够自主学习并掌握新的工作技能和知识。
- ➢ 能够利用企业提供的培训和学习机会，不断提高自己的职业能力。
- ➢ 能够与同事和领导进行有效的沟通和交流，分享工作经验和技巧。

第四道关：成长速度

成长速度是指员工在工作中的进步和发展速度。合适的员工应该具备以下特点：

- ➢ 能够在试用期内适应工作和企业的环境，并取得不错的工作成绩。
- ➢ 能够在工作中不断学习和成长，提高自己的职业素养和工作能力。
- ➢ 能够与公司的团队协作良好，并与企业一同成长。

你能通过第几关

凯旋公司启动了校招，经过层层筛选，最终确定了5位候选人，经过3个月试用期考核，最终留下来1位同学，我们来看看大家都是在哪里被卡住的吧（见表6-15）。

表6-15 质量检测四道关

关 卡	不合格原因	不合格人员	合 格 人 员
第一关：自我认知	A 自视甚高，眼高手低	A	B、C、D、E
第二关：行动意愿	B 光说不做，行动的矮子	B	C、D、E
第三关：提升方法	C 表面努力，不讲方法	C	D、E
第四关：成长速度	D 成长太慢，跟不上发展	D	E

"高关怀高严格"的试用期考察

德锐咨询服务的多家企业客户表示,在试用期内无法拿捏对候选人考察的尺度,如果过于严谨,可能会降低候选人与企业的融入度;如果过于宽松,又无法真实考察其能力。基于此,德锐咨询认为对试用期员工的态度应是:疑人不用,用人要疑。针对上述 4 个心理阶段,管理者既要时刻给予高关怀的精细培养,又要高严格地悉心考察,即在培养中考察,在考察中培养。

高关怀的精细培养

新员工前 3 个月所接受的培训、引导、关注和支持程度,能决定其后来工作的状态是积极还是消极的。正所谓"新员工思想阵地,我们不去占领,就会有其他声音去占领"。因此在这个时期,人力资源部需要充分正面地培训新员工,企业高层和其直接上级也应进行积极的影响和理性的引导,并支持其开展工作、发挥潜力,这样会让新员工很快进入稳定的、积极的工作状态。

沃尔玛的新人入职计划

《财富》世界 500 强沃尔玛,不同层级的新人入职都会有 Day1 和 369 计划。

所谓 Day1,即入职第一天企业的安排,如表 6-16 所示。

表 6-16 沃尔玛新人入职 Day1 事项

负 责 人	具 体 内 容
人力资源部	尽量在早晨一上班时就与新员工见面
人力资源部	在培训室或会议室给员工介绍沃尔玛的企业历史、沃尔玛的企业文化和沃尔玛对员工的期望,播放有关录像,哪怕只有一个新员工,也这样做
人力资源部	尽可能向更多的同事介绍新员工
人力资源部	让同事向新员工介绍自己
人力资源部	让员工了解并掌握办公用品、复印机、打印机、电话簿、网络等使用方法
人力资源部	与员工进行一次单独的一对一真诚沟通,并请员工承诺:如果他未来要离开沃尔玛前,一定要先找 HR 经理谈话
直属上级	中午或下午为新员工举办一次欢迎聚餐

除了以上安排,沃尔玛还会有个非常正式的欢迎会,会上将赠予由高管亲笔

书写的欢迎词及签名的欢迎卡，以及公布接下来 30 天、60 天与 90 天的安排。

入职 30 天时，人力资源部会组织安排回顾活动，参与人员除了搭档或导师之外，还有所在业务单位的高层，主要内容是强化新员工对企业文化的理解，以及让新员工发表加入企业 1 个月来的感受、对企业的建议或意见。通过这次回顾，可以帮助新员工更深入地了解企业，使其参与到企业的经营和管理中。

60 天时，回顾的内容更全面，除了更深入的文化，还有客户服务、基础领导力等。这个阶段的回顾是最重要的，也是决定新员工是否可以安全度过试用期的临界点。所有的不适应或建议意见都需要在这个节点暴露出来，以便在试用期的最后阶段相互考察。

90 天时，新员工已经在举手投足中散发出沃尔玛的气息，正式成为沃尔玛大家庭的一员。

在沃尔玛，新员工入职后的一段时间，都会被称为蜜月期。因为这段时期企业对新员工的关注度相当高，每天认识新面孔，学习新流程，熟悉新制度，清单里包含了所有的培训计划、课程名称、相关内容及跟进人，这些在新员工入职第一天已清晰地被告知，所有的困惑也会有专业的同事帮助解决，每周导师还会与新员工进行非正式的沟通，了解一周的工作感受，以便接下来及时改进培训方式。蜜月期过后，新员工会顺利成为企业一员。

每个加入企业的新员工无论职位高低，刚开始的感觉都一样，如果没有受到足够的重视和关注，常常会在试用期夭折。基于此，针对任何一位新员工，企业都应给予如下方面"高关怀的精细培养"。

- 关怀备至的入职引导。全体或者部门同事应该向新员工展示企业的热情，高层可通过自己的方式表达对新人的欢迎。
- 配备直接导师。在试用期内对新员工应该有"求"必应，关于企业或者业务的困惑应该在第一时间给予解答。
- 定期反馈面谈。随时关注新员工的心理动态，及时梳理困惑，帮助其坚定在企业的决心。

高严格的悉心考察

为何考察？ 多数企业以为新员工只要进入试用期，就可以放松"警惕"了。然而试用期是考察新员工的最佳时期，面试过程中的疑点可以再次在短时间内加以考察，如与同事的融合沟通能力、对新事物的理解和学习能力、新业务环境中的适应能力等。一旦发现不合适，可及时止损，无须拖泥带水。

考察什么？ 每当问及此话题，答案无不是业绩。其实不然，看得见的是业绩，看不见的是价值观。即使通过面试与背景调查的层层筛选，仍需在试用期考察新员工与企业价值观的契合度，一旦价值观出现"零容忍"现象，果断"分手"。除明显的工作业绩外，还可从其他细节中考察新员工的状态。例如，新员工每周写的周总结中对企业提出的发展建议，这一细节不仅能帮助企业汲取成长的养分，还能看出新员工对企业的认同度；还可在导师与新员工发展面谈中考察其工作态度和对未来的发展期望。

何人考察？ 很多企业认为对新人的考察是 HR 和直线上级责任，事实上，任何一位新进人员都应是所有同事密切关注的对象。在德锐咨询，任何一位与新员工有过工作接触的正式员工都可以对新同事的表现发表建议，因为大家深知任何一个不合适的人都会稀释企业文化、有损团体的利益。所以，每周结束由新人自行填写试用期周总结（见表 6-17），导师/直接上级审阅后根据实际表现给予评价及建议，最后上交至总经理审批。表格内容包括新员工基本信息、本周个人工作业绩陈述、本周个人学习收获、存在的不足及改进计划、能为企业做什么、对企业后续提供培训的期望等内容，由培训负责人统计表格信息，反馈给新员工导师，导师对有异议的内容，可以找与新人项目上接触比较多的同事了解，导师将针对结果与新人进行发展面谈，并落实改进的行动计划。因此，对新人的考察不光是直线上级和 HR 部门的责任，部门内所有员工都皆应该保持"警惕"。

表6-17 试用期人员周总结

姓名		职位		
入职日期		导师/直接上级		
试用时间			填表日期	
本周个人工作业绩陈述				
本周个人学习收获（包含新人三问）				
本周个人存在的不足及改进计划				
对企业管理的建议，我可以为企业做什么				
对企业后续提供培训的期望				
述职人签字：			20××年 ××月 ××日	
导师/直接上级意见 综合表现评价： 签字：				年 月 日
总经理审批意见 签字：				年 月 日

何时考察？ 很多企业对新人的考察会延迟至试用期的最后一天，总认为花费了很多成本招进来，那就必须人尽其才，即使不合适，也不会轻易让其离开，奢望其创造价值的那一刻。马云曾在演讲中谈及自己的一个朋友会与每位新进员工见面，如高层管理者被请进企业时，最开始的半小时就是和老板面谈，老板不用讲很多，15分钟告诉高管"我要什么，你要什么"，简单明了。这样不仅增强了新员工对企业的好感，而且能在一开始就对新员工进行初期考察；而后每项任务的交接反馈，都是对新员工的最佳考察时期，这就是所提倡的"在培养中考察"，而不是等到最后一天凭主观判断做出决策。在这个过程中，一旦发现不合适，就应严格对待，如果综合判断发现候选人不合格，须立

即做出"分手"的决定；如果发现是可以克服的缺点，则与新员工一起努力度过不稳定期，如新员工初期对企业的发展仍抱迟疑态度，对工作仍处在朝三暮四的状态，可引导其看好企业未来的发展，坚定对企业的信心。

对一些无法快速做出去留决策的试用期员工，德锐咨询的"经典二问"可以帮助企业家和管理者做出正确的选择。

问题一：如果这个时候让你再做一次当初聘用的选择，你还会聘用他吗？

问题二：如果这个人这时候对你说他要辞职，你非常想挽留他吗？

如果对这两个问题回答"是"，则其可以成为正式员工。如果对这两个问题回答"否"，则应当立即下决心放弃他，解聘他。

但现实情况中，通常答案为一个"是"，一个"否"，这时候我们则需要补问自己一个问题：

"我想挽留的是他这个人，还是我在他身上投入的时间和成本？"

如果想挽留的是他这个人，那就予以录用；但如果挽留是在他身上的投入，则不需要犹豫，因为之前的投入并没有带来期望的回报，留下的时间越长，企业的损失就会越大。低回报率的投入需要及时制止。其实很多情况下，我们对一个人的挽留，通常想挽留的不是这个人，而是想挽回在他身上的投入。

谷歌采用"慢工招人才"的方式，虽然没有明确使用以上德锐咨询的精准选人六道关卡，但也大致相同，通过层层筛选，为企业招揽了大量的精英人才，铸就了谷歌的成功。人才入境"安检"系统的六道关看似复杂，但这样的严谨能助力企业严选人才，提高选人的准确率。在招聘上稍有疏忽，会因为选错人而给企业带来巨大损失，在日后的管理工作中将花费更多的时间与精力去弥补选错人带来的危害。

面试官认证

精准选人，企业需要具备人才吸引能力、人才定义能力和人才识别能力。

人才吸引能力解决的是人才来源的问题，让企业吸引企业所需要的人才，可采用包括雇主品牌建设、招聘渠道搭建和人才供应链的打造等方法。人才定义能力解决的是人才标准的问题，即人才画像。人才画像可以帮助企业明确用人标准。人才识别能力解决的是人才识别的问题，让企业能够对人才识真伪、辨高低，识别出合适的人才。

这三大能力的提高都离不开面试官的参与，面试官更是人才识别的主体。拥有领先的选人理念、掌握人才画像工具并熟练运用精准选人技能的面试官，我们称之为金牌面试官，公司的各级管理者都应成为金牌面试官，企业更要打造自己的金牌面试官队伍。通过**理论学习、模拟练习、现场认证、持证面试**核心四步助你"持证上路"，帮助管理者成为金牌面试官，如图6-13所示。

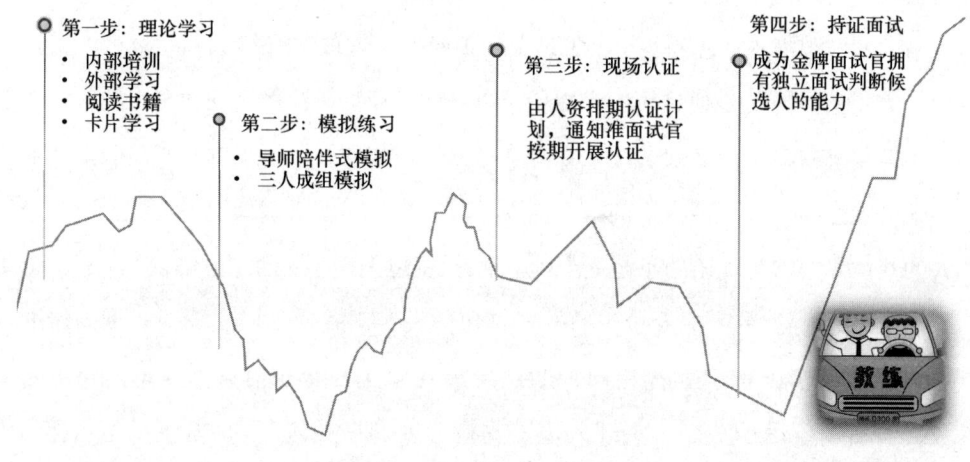

图6-13　面试官认证核心四步

第一步：理论学习

没有驾照的人开车上路是危险的，不具备选人能力的人去选人也是危险的。成为面试官的第一步要经过系统的培训，学习先进的精准选人理念，掌握精准选人的工具和方法。企业可以通过开展内部培训、组织外部学习、提供相关书籍、制作学习卡片等形式，为员工提供选人方面的培训。

内部培训

具备精准选人培训能力的企业,在管理者中选拔真正有潜力的人接受金牌面试官培养与认证。

外部学习

企业还可以邀请外部专门的精准选人培训机构对员工进行培训。

阅读书籍

《精准选人:提升企业利润的关键》《人才画像:让招聘准确率倍增》等书中的精准选人体系,是成为金牌面试官需要掌握的基本方法。

卡片学习

企业也可以把精准选人相关的知识做成小卡片(见图 6-14),下发给员工学习。

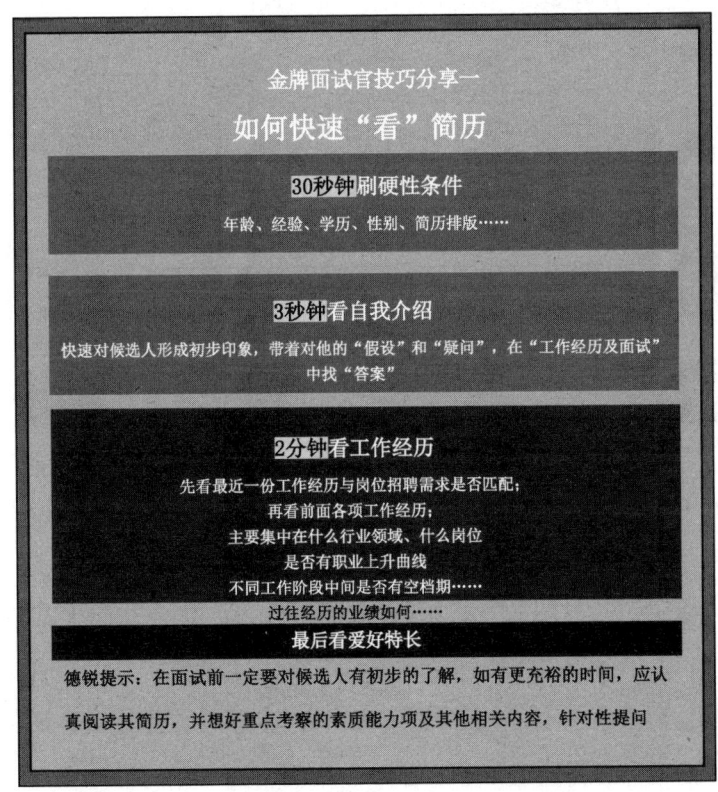

图6-14 面试卡片

第二步：模拟练习

技巧能发挥作用，都是建立在一定的练习和实践的基础之上。这就像在岸上永远学不会游泳，在纸上永远成不了好将军，在图书馆里怎么也造不出卫星。面试看似简单，但不练习还是会有很多问题。

在模拟练习的过程中，可以采取三步走的方式进行。

第一步："邯郸学步"，参加面试（初试或复试）旁听至少5次，学习导师或者面试官的面试技巧，练习通过提问考核候选人素质项的技能。

第二步："小试牛刀"，参与辅助面试4次，尝试就某个素质项进行补充提问，通过不断实践和总结，获得可以主导整个面试过程的能力。

第三步："大显身手"，作为主面试官主导3次正式面试，在真实的演练中磨炼提问和追问技巧。

在模拟练习的过程中，可以请内部HR或外部专业导师进行陪伴式模拟，请他们帮助熟悉面试流程，熟练掌握面试技巧，发现面试中可能存在的问题，并及时改进；在候选人不足的时候，也可以自行组队，组建模拟练习三人小组，轮流成为面试官、候选人、观察员，互相指出面试中的不足。

第三步：现场认证

金牌面试官认证小组（至少两人）现场对候选金牌面试官从提问能力、追问能力、控场能力及判断能力4个维度进行评估，最终依据小组意见形成认证结果。金牌面试官认证反馈表如表6-18所示。

如果两次认证都未能通过，说明面试官在面试技巧、工具运用、行为判断等方面还需经过一定时间的实践与提升，建议后续加大练习力度，半年后重新申请认证。

提供反馈和改进建议：在面试后，及时向客户提供面试反馈和改进建议，帮助客户不断优化面试流程和提高面试质量，让他们成为真正的金牌面试官。

表 6-18 金牌面试官认证反馈表

面试时间		面试官		认证官	
评估维度	行为评估标准	评估反馈			
提问能力（30%）	能够精准依据素质项进行清晰的提问，熟练使用行为事件问题，避免不恰当的情境假设性问题和封闭性问题，避免陷入连珠炮提问、平淡提问等误区	得分：			
		反馈记录： 考察的素质项有： 封闭性问题： 假设性问题： 引导式问题：			
追问能力（40%）	熟练运用 STAR 追问面试方法，追问有系统的逻辑，能够把握好追问深度，能够挖掘到候选人真实有价值的行为信息，并能进行客观的有效评估以做出录用决策	得分：			
		反馈记录： START1. 提问问题 + 追问 1 + 追问 2…… START2.			
控场能力（15%）	面试时间和氛围掌控良好，展现出亲和力、严谨性和职业性，体现企业的文化特点	得分：			
		反馈记录：			
判断能力（15%）	面试后结合面试中获取的信息对候选人能够做出有依据、专业化的判断	得分：			
		反馈记录：			
面试官综合得分：		是否通过认证			

第四步：持证面试

通过培训、实战辅导和资格管理，一名直线经理才可能被培养成一名合格的面试官。即使通过了金牌面试官认证，直线经理也要不断学习与实践。最高效的方法就是与资深的金牌面试官一起面试，向他们学习，及时获得反馈，提高面试技能。如果缺乏其他人的建议，即使面试实践再多，面试中暴露的问题也不能第一时间得到反馈，面试能力很难得到快速提高。我们在金牌面试官培养中，会对面试中的言谈举止、表情和礼仪等细节进行辅导。通过不断实践、持续学习与定期总结，面试官才能在识人选人上更精准、更高效。

企业内如有成熟的招聘团队且拥有具备金牌面试官资格的人群，可以由企业 HR 或招聘委员会来确定认证小组成员。如果还没有成熟的面试官团队，建议在初始认证阶段由第三方咨询机构予以辅导与认证。

每半年对金牌面试官进行一次评估，判定半年内人力资源部安排的面试场次完成率是否低于 80%，面试次数是否低于 6 次；半年度内部招聘技能和经验分享是否低于 2 次，或分享总时长是否低于 3 小时。其中分享场合及对应时长由人力资源部核定。若半年内人力资源部安排的面试场次完成率低于 80%，面试次数低于 6 次，取消金牌面试官资格，想要继续面试，需要重新认证。

🡆 关键发现

- ➢ 高效的面试应该是"结构化理念"与"半结构化操作"相结合的行为面试法。做到心中有标准，但又不完全拘泥于标准去识别人才。
- ➢ 行为提问的 OBER 法则可有效节省面试时间，提高精准度。
- ➢ STAR 追问可以至少提高 10%的面试精准度。
- ➢ 过去的行为可以预测未来的绩效。
- ➢ STAR 追问的 4 个重点：关注行为，考察本人，讲我所需，选择优秀。

第 7 章

请不合适的人离开

> 流水不腐，户枢不蠹，动也。
>
> ——《吕氏春秋》

➡ 造成企业冗员的四大因素

我们在咨询项目中发现，企业之所以不能做到精准选人的最大障碍其实是不合适的人占据了位置，导致合适的人无法进入，只有请不合适的人离开，才能将合适的人吸引进企业。当企业存在岗位职责重叠、员工工作量不饱和、人浮于事，企业整体运行效率低下、利润率下降、人力成本递增等现象时，可以判断，该企业的"冗员"已经较为严重了。而造成冗员的原因有①选错人带来冗员；②管理者容忍不合适的人；③企业缺少主动换人的意识和能力；④不合适的人不轻易离开企业。

选进不合适的人

作为世界招聘领域的一流专家布拉德福德博士在《顶级评价法速查手册》中讲到，有一家全球医疗供应公司，其人力资源部的负责人在与美国生产力与质量中心的电话会议（布拉德福德博士在场）中说道，他们公司的招聘成功率是 97.5%（成功率=入职 30 天符合岗位职责要求的员工/所有入职 30 天的员工）。布拉德福德博士换一种问法："在近几年招聘的人员中，有多少比例的人后来是高绩效员工？"得到的答案却是 20%。招聘成功率由 97.5%到 20%折射出80%左右是非高绩效的员工，这意味着企业需要招聘更多的人弥补这80%左右的低绩效员工。

在我们过去的咨询经历中发现，大部分企业像这家医疗供应公司那样意识不到选人的精度不够，一方面是由于面试官识人水平有限，只能招聘到他们认为最优秀的员工，另一方面是即使在入职后发现选择的员工不合格时也不选择调整。

这样产生的结果就是企业在一定时期内存在大量不合格的员工，甚至去寻找更多有类似素质能力的人来弥补选错人造成的错误，使人员冗余现象更加严重，进而加重企业的负担，影响企业正常运转。

管理者容忍不合适的人

> **帕金森定律**
>
> 英国著名的历史学家、政治学家诺斯古德·帕金森经过多年的调研发现，不同的人在做同一件事所耗费的时间差距是非常大的。他在书中举例说，同样一份报纸，他可以10分钟看完，也可以看半天；一个忙人20分钟可以寄出一叠明信片，但一个无所事事的老太太为寄一张明信片，可以花上大半天的时间，特别是在工作中，工作饱和度会自动地膨胀，占满一个人所有可用的时间，如果时间充裕，他就会放慢工作节奏或增添其他项目，以便用掉所有的时间。

永顺公司的总裁陆先生，是业界一位颇为出色的经营能手。两年前，他在某大型集团公司任营销副总时，永顺公司的老板相信他的才学与能力，诚邀他担任公司的总裁。来到永顺后，陆先生从公司的实际出发，对公司的经营工作进行了较大的调整。在调整的过程中，随他一起来到公司的助手刘先生发挥了关键作用。也许是因为过于劳累，他最得力、最信得过的助手刘先生身体越来越虚弱，对公司的许多事情已心有余而力不足了。对此，老板建议他另换助手,陆先生却怎么也不忍心,宁愿自己多做,也不愿更换,结果,刘先生主管的公司事务出现局面难控的困境,严重地影响着永顺公司的经营工作。

在我们服务过的企业里,大多管理者表面上高标准、严要求,但事实上遇到不合适的人往往会碍于情面,体现更多的是包容。再者我国的文化比较讲究人情,使温情脉脉的人际交往变成腐败滋生的温床,从而产生了更多不创造价值的人存在。面对不合适的员工,我们听到更多的是:"也许下一位招进来的还不如眼前这个",于是对他们一忍再忍。

缺少主动换人的意识和能力

在我们问企业家或高管:"在过去的一年中,你们主动解雇的员工占比离职员工的比例是多少?"时,大多数的回答是没有主动解雇过员工,即使有也非常少。在与企业家的沟通过程中,我们发现大部分企业家都是"善良"的,他们乐于与员工分享,即使企业遇到困难,也不愿意主动解雇不合适员工。主要原因是:

(1)中国改革开放后一批民营企业家中的大部分人都经历过计划经济时代,在计划经济体制下,员工只进不出。企业家经受过这种文化的熏陶,能够无限容忍不合适的员工,而不主动请这部分人离开。

(2)随着自媒体时代的快速发展,当一家企业解雇员工后产生的负面影响会在短时期内快速传播,企业家不愿受这种外界信息的影响,抱着"多一事不如少一事"的态度,天然地选择规避主动淘汰人。事实上,媒体将此类消息传递是在承担其所应该承担的社会责任,更多的是希望正确、理性地处理此类事件,而不是主张企业家规避这类事情。同样,作为具有社会责任的企业,应该从长远发展的角度为个体、社会创造更大的价值,帮助个体及时找到发展的路径,让企业轻装上阵,更加高效地运转。

(3)部分企业对《劳动合同法》有片面的理解,认为《劳动合同法》在解除员工上设置了很多障碍,导致解雇一位员工不仅花费更多的成本,也会对企业声誉产生影响。事实上,《劳动合同法》对企业非法解雇劳动者的行为有约束，对合理合法的解雇是支持的。当然这需要企业夯实人力资源管理基础，注重人事制度和流程的建立，做到用工和管理规范。

不合适的人不会轻易主动离开

合适的人有着共同的素质能力特征。同样，不合适的人也有着相同的行为体现，他们常常表现为安于现状、精神松懈、行为倦怠和思想保守，对外界的变化和压力熟视无睹，没有危机意识，倾向于停留在自己的舒适区，甚至当组织需要自己改变行为和习惯时，他们会备感焦虑，自然地选择挣扎和逃避。所以他们不愿主动面对陌生的工作环境和新的人际关系，更不会轻易离开企业。如果这部分人所在的企业没有建立晋升和优胜劣汰的机制，他们会一直"滥竽充数"，长期保留在组织当中。

⮕ 不合适的人留在企业的危害

冗员造成巨大浪费

令人震惊的冗员成本

我们曾经服务的中国南方的某上市国企，连续两年亏损，面临连续3年被强制退市的危险。项目组在全面诊断后发现，公司员工3000人，冗员现象异常严重，人力成本逐年上升，但是营业额并没有以相应的比例增加，导致人均效能越来越低，解决冗员问题刻不容缓。经过长达一年的"瘦身"运动，前后优化1400人，取得意想不到的效果，如表7-1所示。

表7-1 "瘦身"前后数据对比表

分类	因素	瘦身前	瘦身后
直接成本	人均年薪（万元）	7.5	8.4
	福利占比（%）	4%	5%
	社保公积金（%）	42%	42%

（续表）

分类	因素	瘦身前	瘦身后
间接成本	年人均管理成本（万元）	1.08	1.16
	年人均无效沟通成本（万元）	0.938	0.9
	人数（人）	2965	2065
	管理费用（万元）	3200	2400
	利润（万元）	-2800	800

现实中存在很多的企业像我们的这个客户，常常忽略对冗员的关注，产生了巨大的浪费，无形中消耗了企业的利润。领先企业的人才结构基本是"721"比例，即20%的员工引领企业发展，70%的员工与时俱进，10%的员工是不甘落后、逐步提高其能力且会逐步赶上企业的发展速度。而对于那些安于现状、不愿学习、不善于学习且能力得不到提高的员工的占比基本是0%，这样的人才结构不仅减少了不必要的成本支出，而且降低了管理的复杂度与难度。

挤掉优秀人才

经济学上有一个著名的"劣币驱逐良币"定律。市场上同时存在两种交换价值相等但是实际价值不同的货币（成分不一样），质量好的货币（良币）会被熔铸或收藏而退出流通领域，反而质量差的货币（劣币）则会取代良币充斥市场。

在企业经营管理活动中，也存在着"劣币驱逐良币"的现象。一方面，不合适的人存在企业中，占据了企业的一部分资源，包括关键岗位、培训、晋升机会和激励，这部分资源本可以给到合适的员工去创造更大的价值；另一方面，对部分踏实肯干、任劳任怨的人会因为不合适的人得到升迁、培养与涨薪的机会而另谋出路，这就导致不合适的人留下了而优秀的人离开了。而且不合适的人留在企业，还起了不良示范的作用，因为优秀人才犹如"鹤立鸡群"的"鹤"要承受很多来自群体"鸡"的压力，最终只能把自己也变成"鸡"，即把自己变成了"劣币"。

> **破窗理论**
>
> 　　美国斯坦福大学心理学家詹巴斗进行了一项试验。他找了两辆一模一样的汽车，把其中的一辆摆在帕罗阿尔托的中产阶级社区，另一辆停在相对杂乱的布朗克斯街区。停在布朗克斯的那一辆，他把车牌摘掉了，并且把顶棚打开。结果这辆车一天之内就给人偷走了，而放在帕罗阿尔托的那一辆，摆了一个星期也无人问津。后来，詹巴斗用锤子把那辆车的玻璃敲了个大洞。结果呢？仅仅过了几小时，它就不见了。
>
> 　　政治学家威尔逊和犯罪学家凯琳就该项试验提出了破窗理论。认为环境中的不良现象如果被放任存在，会诱使人们效仿。例如，一幢有少许破窗的建筑，如果破窗不被修理好，可能会出现更多的破窗；一条人行道上有些许纸屑，不久后就会有更多的垃圾，更有甚者会心安理得地将垃圾直接丢弃在地上。

　　破窗理论也说明了不合适的人留在组织中的危害，当组织中存在较多此类员工时，即使引进了一位优秀的人才也很快被同化和吞没。当这种情况得不到改善时，"劣币"的破坏性作用最终远比"良币"的建设作用要大。对于企业来说，找到不合格的人并将其剔除对企业的发展至关重要。

影响合适的人的积极性

　　面对不合适的人无原则地包容看似"善良"，其实是对当事人的极大不负责任，这只会助长他们的贪婪、无知和懒惰。那些包容表现不佳人员的管理者，实际上是"好心办坏事"。

　　有些人认为，企业主动淘汰人是残酷的。事实上，让一个人待在一个他不能成长和进步的环境里才是真正的残酷。就像平日里对他不提标准和要求，直到他已错过了最佳成长和改变的机会才告诉他"你走吧，这地方不适合你"。此时，他上有老下有小，有房贷有车贷，却没有市场上与他人竞争的能力，错失了选择的机会,这对于他来说才是真正的残酷。正如吉姆·柯林斯在《从优秀到卓越》中讲道,让一个人成年累月地处于不确定之中,霸占了他们生命中可以用来干其他事的宝贵时光,最终落得一事无成,那才是真正的冷酷无情。而一开始就妥善处理,让他们得以继续自己的生活,那是严格。

及时让不合适的人离开,不仅是企业发展的需要,更重要的是能够及时让员工快速找准自己的定位。请他们离开其实是让他们从一个自己无法胜任的职位上解脱出来,相当于给他们提供一个寻找更合适的地方的机会,或许这个过程对他们来说很艰辛,但在适合的岗位上他们可能会成为明星员工,找到自己存在的价值,真正地发挥作用。

精准找出不合适的人

用九宫格识别不合适的人

用"人才九宫格"工具成为越来越多的企业进行人才评价的趋势,每半年或一年从价值观(或素质项、或潜力项)和业绩两个维度对人才进行盘点,全面了解企业人才结构现状(见图7-1)。通过人才九宫格进行企业内部的人才扫描,企业家们会发现,"不合适的人"有三类,他们也是企业利润的消耗者。

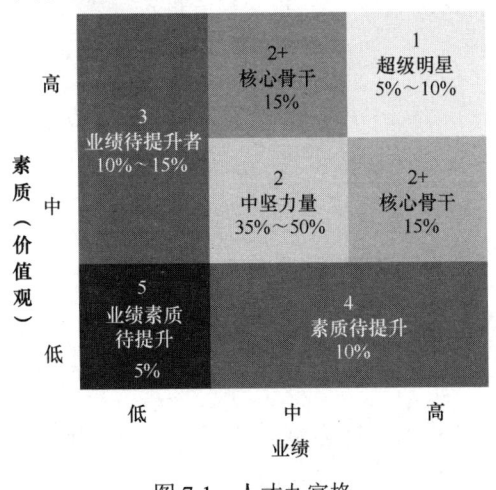

图7-1 人才九宫格

- 第一类：定位为"5"的员工。这类员工业绩低，价值观（素质项、潜力项）也低。我们可以先做个判断，如果他们可以胜任企业某个岗位，则可以调转至这个岗位，成为合适的员工。如果他们几乎没有可能胜任企业某个岗位，则需要予以清除。

- 第二类：定位为"4"的员工。这类员工业绩中高，但价值观（素质项、潜力项）低。这类人能力强，业绩不错，但通常会表现出自视甚高，不遵守企业规范，对企业的价值观认同度低，甚至会有一些违背价值观的行为。大多企业家为了维护企业短期业绩，通常会采取留任的态度。其实这类人的看似贡献很大，其实破坏力极强，他们的存在会对团队和价值观的维护造成巨大的伤害。所以这类人也常被比喻为"毒品"。对这类人，领先企业的做法和态度是出奇地一致：一旦发现，不管企业的业绩会有多大损失，毫不手软，第一时间坚决清除，避免造成更大的影响。

- 第三类：定位为"3"的员工。这类员工业绩低，但价值观（素质项、潜力项）中高。对这类人的特点史玉柱有过形象的描述："兔子人缘好，讨大家喜欢，但它不出业绩；兔子繁殖力超强，不停地繁殖，生出大量小兔，形成兔子窝。如果一家企业大量核心岗位被兔子霸占，形成了'兔子窝'文化，就失去战斗力。"对这类人，优秀企业的做法也是"绝不手软"，不过会给予一次培训或调岗的机会。如果业绩还是不能提升，就会坚决清除。

找出需要严加看管的人

企业内合适的人都表现出对价值观的高度认同，他们会自我激励，想尽办法克服困难达成目标。他们会因为自己出色的成绩感到满足，会为给企业创造的价值感到自豪，会积极主动努力争取获得更大的进步。所以，好的下属和员工是不需要监督的。对这些人，企业家或管理者不必花费时间去监督和管理，需要做的是充分地信任和授权。

如果一个员工的存在需要管理者不断地给予监督，或者让管理者忐忑不安提心吊胆。交代给他的任务，总是担心不能按时交付，或者交付质量低，不断跟进督促和检查。那么你不需要再犹豫了，他就是"不合适的人"，请他"下车"是最好的选择。每个管理者都可以参考此原则，对不同的人员进行分类管理。

人员去留经典二问

在过往的咨询案例中，经常有管理者告诉我们，即使用了九宫格对员工进行了定位，但真的要决定员工去留的时候，仍然会感到困惑，难以下定决心。我们结合实际经验给出人员去留的经典二问，可以帮助企业家和管理者做出正确的用人决策。

问题一：如果这个时候让你再做一次当初聘用的选择，你还会聘用他吗？

问题二：如果这个人这时候对你说他要辞职，你会非常想挽留他吗？

如果这两个问题回答都是"是"，则重用他。如果这两个问题回答都是"否"，则应下决心放弃他。

但有的时候，两个问题的答案一个"是"，一个"否"，则需要再问自己一个补充问题：

"我想挽留的是他这个人，还是我在他身上的投入？"

如果你想挽留的是他这个人，那就尽最大可能去挽留他；如果想挽留的是你在他身上的投入，则不需要犹豫，因为你在他身上的投入并没有带来期望的回报，他留下他的时间越长，你的损失会越大。

刀要快，心要善

一旦发觉换人之举势在必行就当机立断

优化不合适的员工，是企业优化资源配置、提高产出的正常举措。从优秀企业的发展历程中都能找到对应的答案。

威廉·桑代克在《商界局外人》中探讨了 8 位首席执行官的案例，他们企业的平均业绩超过杰克·韦尔奇业绩的 7 倍，超标准普尔 500 指数的 20 倍，他们用无可置疑的数据证明了自己是伟大的 CEO。这些成功的 CEO 个人经历各有不同，包括曾经绕月飞行的航天员、毫无商业经验的寡妇凯瑟琳·格雷厄姆、"股神"沃伦·巴菲特等，但他们有一个共同点：毫不犹豫地让不合适的人离开。其中，凯瑟琳·格雷厄姆在 46 岁独立掌管华盛顿邮报企业，她一路撤换了 4 个首席运营官，直到觅得最合适的人员迪克·西蒙斯。从那时起，她认为终于招揽到了最优秀的人才，引领企业进入了业绩惊人的非凡时期：在之后的 22 年里，业绩增长率是标准普尔指数的 18 倍、同行收入的 6 倍。

国内在同行中能脱颖而出的企业也在持续地进行人员优化。华为从创业到现在，更新了 10+批干部以及进行末位淘汰；海尔的绩效管理制度，排在前 10%的员工会奖励或晋升，而排在后 10%的员工会降级或免职，如果连续 3 次考核都排名后 10%，就会面临淘汰或转岗。可以看出，具有竞争力的公司都在坚持淘汰不合适的人，引进合适的人，保持组织的活力。

不合适人员不但会有巨大的显性成本，同时还具有巨大的隐性成本，一旦发觉换人之举势在必行，就应当机立断，及时止损。

直线经理是请不合适人离开的责任人

请不合适的人离开的第一责任人是谁？在很多咨询案例中，我们发现大多数的企业主要是由人力资源部来主导，其实这与直线经理是对下属选、用、育、留、汰负主要责任的原则相悖的。

在企业用人过程中，直线经理承担着员工的选拔、培养、评估等工作，从对员工信息掌握的熟悉程度来看，直线经理也能更准确地把握员工的业绩和价值观。同时，直线经理作为与员工在日常过程中沟通最频繁的管理者，在感情上与员工的纽带是最牢固的，因此请不合适人离开的第一责任人也是直线经理。

第 7 章 请不合适的人离开

我们认为，衡量一位优秀管理者，一个重要的标准就是"是否淘汰过不合适的人"。一位优秀的管理者在日常工作中应该与下属有着充分的沟通，充分了解下属人员的动态，对优秀的下属，能给予及时的肯定和激励；对不合格的员工，也应该有真诚的反馈、制订明确的改进计划或淘汰，确保团队的整体水平，为企业的人才管理减负。

关键发现

- 选进不合适的人、管理者容忍不合适的人、缺少主动换人的能力及不合适的人不会轻易离开企业是造成企业冗员的主要原因。
- 将不合适的人留在企业的危害诸多，包括冗员造成的浪费、劣币驱除良币挤掉了优秀人才、影响合适的人的积极性。
- 一旦发觉换人之举势在必行就应当机立断。
- 如果发现某人非要严加看管不可，那一定是用错人了。
- 衡量一位优秀管理者，一个重要的标准就是"是否淘汰过不合适的人"。

第 8 章

精准选人成功案例

勇华集团（化名）成立于 1976 年，是一家在新材料领域集研发、生产、销售于一体的高新技术企业，用深厚的行业积淀构筑起坚固的企业护城河。随着新材料运用领域的拓展，为支撑这样的极速突破，人才自然成为撬动业务高速发展和快速转型的战略性杠杆。而面临老业务正在爬坡、新业务刚刚起步的严峻形势，优秀人才的短缺让勇华集团感受到了任重而道远，"老人不懂新业务" 内部人才流动受阻，"新业务招不到合适的人"外部人才招聘效果欠佳。

在如此急迫的情况下，勇华集团恰逢其时地接触到了德锐咨询的精准选人理念，主动找到德锐咨询并期待我们能够帮助解决勇华集团目前面临的招人难、无人可选、选人不准的难题。项目组进驻勇华集团后，从深入研究行业入手，再通过访谈、内外部资料分析、问卷调研等方式对勇华集团过往招聘工作进行了全面的分析诊断，我们在访谈时多次遇到这样的场景。

管理者甲："目前最让我头疼的是人的问题，面对新媒体的大势，我们想要实现 C 端的突破，需要招到一些新媒体的人才，可是内部选不出来，我们也在竭尽全力外部招聘这方面的人才。"

招聘经理："唉，说实话我的工作真的挺难做的，我们公司的位置相对比较偏僻，而且对于二三线城市来说，当地的生活节奏和我们的通勤交通情况就会把一部分人挡在门外，你说我们拿什么去吸引候选人呢？"

招聘经理："大家用人的要求很多，我就举一个例子，如有的岗位要求 30 岁以下男性，这条件一筛选，好不容易捞上来的 33 份简历就只剩 3 份了……"

管理者乙："我们自己用人其实也没有什么清晰的标准，基本靠想象，但又好像总在变化,因为面临新业务我们也不知道自己要用什么样的人合适,一般只是用业绩来衡量。"

管理者丙: "面试我也就是凭自己多年的经验,没什么具体的方法,觉得合适就招进来先用,说实话比较草率,很多时候人用起来也没有那么顺手。"

经过很多轮深入的交流,发现勇华集团在选人方面主要存在以下四大痛点。

(1)**招聘缺规划**。业务调整过快,临时紧急招聘现象多,而且大家虽感知到了人才需求的迫切,但实际招聘全当成是人力资源的事。

(2)**简历量太少**。一是缺少招聘卖点,很多宣传的内容不能充分体现勇华集团独有的特点,无法让候选人对企业有心动的感觉;二是招聘渠道比较单一,导致喇叭口太窄,简历进不来。

(3)**标准不清晰**。一是压根对于需求人才没有清晰画像,一般基于个人喜好和经验来定,导致人员留存率低,来的多走的也多;二是即使有画像,但设置不合理,过于看重冰山上,逃避培养的责任,不愿意给成长的时间和成本。

(4)**判断不准确**。参与面试的人员缺乏专业的面试能力,面试过程随意,流程不规范,而且判断凭个人经验,盲目或草率地做出进人决策。

德锐咨询项目组经过数轮研讨,对症下药提出"三大步骤提高三大能力"的系统解决方案助力勇华集团提高组织招聘能力。德锐咨询招聘能力模型如图8-1所示。

第一步 加强人才吸引能力

人才招聘也可以叫作人才争夺战,对于所有企业来说,这是一场从未停止过的不见硝烟的战争,而这场战争需要具备"农夫"般的耐心耕耘,更需要"猎人"式的制胜策略。而带有专属标签式的"企业卖点"当然是让人才知道你并且能够产生巨大兴趣的第一步策略。

无论是在前期访谈还是在私下与员工闲聊,我们都会问大家一个问题"你来勇华集团工作多久了?是什么原因让你能够在这里留下来?"听到的回答出乎意料地都集中在几个大的方面。

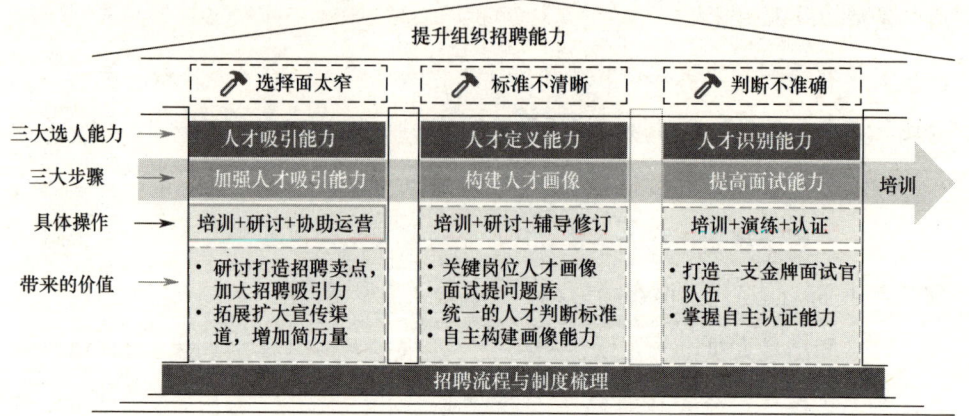

图 8-1　德锐咨询招聘能力模型

"我的薪酬在同行中是有优势的，公司有食堂还管住宿。"

"我们的团队氛围很好，彼此之间平等尊重，鼓励发声。"

"我在这里工作快 10 年了，来的时候还是一个小姑娘，待了这么久公司就像家一样，很难得的是这些年我在公司一直都能感受到成长，有很多参与培训的机会，公司也一直在发展，我要是不努力感觉就跟不上公司进步的步伐啦。"

"我能深深地感受到企业一直在发展，即使处于疫情下也在逆势增长，公司还配备国家重点实验室，平台多、机会也多。"

其实，对于勇华集团来说其自身优势很明显，在专业领域拥有世界第一的产业优势，不断扎根深度开发，配置国家重点实验室、博士后科研工作站、院士专家工作站等高层次科研平台，无论是硬实力还是软实力在行业内都具有绝对的竞争力。但酒香也怕巷子深，好比一个好的产品，没有自己独特的卖点，没有花心思费力气去宣传，也恐怕少有人会选择。因此，德锐咨询发现勇华集团在同行业中不是没有竞争力，而是在招聘中缺少"营销手段"。

基于前期了解的信息并组织研讨，德锐咨询从四大维度入手提炼，帮助勇华集团打造具有吸引力的宣传卖点。

- ◆ 高于市场水平的薪酬：薪酬水平成为行业的薪酬冠军。
- ◆ 平等尊重的企业文化：鼓励发声、授权与信任。
- ◆ 3倍速的个人成长：导师赋能、拔苗助长式培养。
- ◆ 行业和企业的持续增长：企业远大愿景、持续增长。

提炼出了卖点，就一定要通过各种方式让大家知道并且能够迅速抓住候选人的眼球，这样就需要企业不惜一切代价打开人才入口，通过大力宣传让简历源源不断流进来。对此德锐咨询从4个方面帮助勇华集团迅速打开喇叭口，先是提高管理者对于人才招聘的重视度，让其至少投入20%的时间在人才招聘上，与此同时增加专职招聘人员的数量配置，然后通过精耕自有渠道、拓展社招渠道、重视校招渠道去加速招聘渠道的裂变，再转换宣传思维，像推销产品一样去做岗位的营销。这样一来，在激烈的人才争夺战中，勇华集团再也不是被动等待，而是主动出击从心智上抢占人才。

第二步　构建精准人才画像

勇华集团大多数管理者都有普遍相似的错误认知，认为无论什么岗位，员工的学历越高越好、要有行业甚至是专业经验、最好是本地籍贯、年龄35岁以下的男性最佳……

勇华集团虽位于新一线城市，但地理位置处在相对比较偏僻的郊区，交通和生活的确没有十分方便，再加上严格的学历和年龄要求，在最开始简历筛选的阶段很多候选人就直接被无情地拒绝了，也难怪HR们怨声载道，管理者们都哭着喊着没有简历。把有限的精力都耗费在纠结冰山上的条件是否符合，认为设置的门槛越高，选到的人在未来的工作岗位中才会做出更完美的业绩，这是大多数企业在选人时都会面临的误区。而实际上，冰山下的隐性素质更不易考察，才是区分高低绩效的关键因素。

德锐咨询顾问向一位销售经理提出了以下问题。

德锐咨询顾问："您觉得团队中业绩最好的伙伴是因什么原因可以做得这

么好?"

销售经理:"不瞒你说,我们团队业绩最好的伙伴是一个女孩子,她真的很拼,因为销售的性质就是一个很辛苦的差事,她作为一名女生其实本身是没有什么优势的,但是她很机灵而且学习能力特别强。"

德锐咨询顾问:"她刚来的时候有做过销售类似的工作吗?"

销售经理:"没有的,但是她很能吃苦,也肯学,所以很多工作上手就比其他人快。"

德锐咨询顾问:"那你觉得销售相关工作经验有那么重要吗?或者说一定会决定这个人在工作岗位是否胜任甚至做出高业绩吗?"

销售经理:"这样说我也觉得不是必需的条件,但是没有经验的招进来,我们后期培养他就要耗费很多精力和成本,万一带不出来就一切又都只能归零……"

德锐咨询顾问:"但像你自己提到的,之所以业绩好正是因为学习能力强、能吃苦、努力、很拼、机灵等这些一个人的本质……"

其实,这是很多管理者都会遇到的困扰,硬性条件太多,满足的人寥寥无几,放宽一些又担心选的人不合适后面会付出很多时间和成本去培养。因此,如何合理地设置冰山上的门槛类指标,又如何关注到冰山下的隐性素质就显得至关重要了。

由此,德锐咨询项目组从两个方面入手,一方面开展多场培训从理念上影响其对于"放宽冰山上,坚守冰山下"的正确理解;另一方面通过研讨共创、持续辅导的方式,帮助关键岗位重新梳理人才画像,建立清晰的选人标准。

为保证培训效果最大化,德锐咨询将精准选人培训切分为上下场,上半场只针对"冰山模型理论"及人才画像卡的构建方法进行培训、研讨、辅导,整个过程超 100 人次管理者参与进来,勇华集团的管理者和面试官们都对于"放宽冰山上,坚守冰山下"的正确选人理念有了更加深刻的认知。在课程分享时，大家感悟道：

"对于我们长期伏案工作搞研发的工作性质来说，我一定要招那种钻研探索能力很强的人，而且要能耐得住寂寞……"

"我是一个几十年的老销售了，做销售必须要八面玲珑，遇到很多突发情况和特殊需求，我们必须在第一时间内灵活应变，我后面招人一定要招比我自己聪明的人……"

从以上的分享可以看出大家对于自己管理岗位人才需求的标准已经有了正确且深刻的认识，德锐咨询趁热打铁继续引导管理者们去发现勇华集团普遍具有的通用素质及基于不同岗位的关键特质，使用共创共识八步成像法现场辅导构建关键岗位人才画像卡初稿。又由于勇华集团人才画像需求岗位较多，德锐咨询还组织了5场人才画像构建半日工作坊，针对特定岗位展开更加高效的研讨共创。除此，在研讨成果基础上，德锐咨询不断加大驻场频次与周期，持续辅导及时反馈画像修改建议，在此过程中也赋能勇华集团能够自主构建人才画像卡的能力，真正做到"授人以鱼不如授人以渔"，保证项目落地执行效果的同时把能力真正复制给客户。最终，德锐咨询成功帮助勇华集团构建了全员通用的30个关键岗位人才画像卡，几乎覆盖掉了所有职能关键岗位。

当然，光有了画像还是远远不够的，清晰的人才画像是为了帮助面试官在进行面试时能够有识别与判断的依据。因此，德锐咨询还专门为勇华集团做了两个定制化的动作。一是结合不同岗位的具体业务场景定制了面试提问话术，二是在常规画像的基础上增加了针对每个素质项的清晰定义及分级描述，帮助勇华集团面试官在面试中进行素质项的精准考察，促进面试决策标准的统一。

第三步 金牌面试官认证

到此为止，可以说勇华集团的管理者在高度上已然具备了先人后事的境界，已经把人才选择作为工作清单上的第一优先级任务，而且坚实地走了第一步和第二步后,应该已经有大量的简历握在手中,心里也清晰地盘算好了自己要用的人是个什么样子,这时,至关重要的一步就体现在深度上是否掌握了精准的面试技能。就好比开车没有拿到驾照就上路是危险的,让不具备选人能力的人去选人,同样存在着巨大风险。勇华集团人才画像卡示例如表8-1所示。

表8-1 勇华集团人才画像卡示例

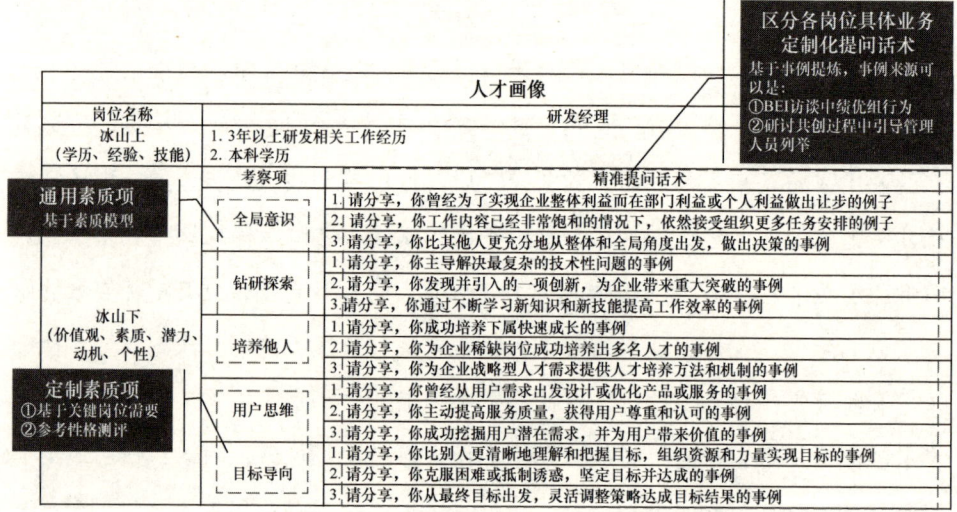

为提高勇华集团所有参与招聘人员的面试能力,德锐咨询继续开展了精准选人培训的下半场,这里花了大量的时间重点介绍了精准选人六道关,清晰梳理了整场面试的各个环节重点,从进场问候、提问、追问到过程中的控场,以及面试后的判断决策等,让大家从心底里认识到面试是一个没那么容易的"技术活儿",而这也仅是理论导入的部分,想要真正掌握到面试的能力,能够做到火眼金睛识人准,还有很长的一段路要走。为了把关面试官的质量,所有人必须通过金牌面试官认证才能够成为勇华集团面试官。

认证的环节给大家带来了很大的压力,按照标准进行面试,很多人既需要克服以往面试的固有习惯,又要对提问、追问等环节的技巧驾轻就熟。为了消除焦虑,保证认证的通过率,德锐主要采取了以下四大措施:

◆ 增加面试官认证要点介绍培训;

- 形成《金牌面试官指导手册》;
- 建立面试官认证辅导微信群;
- 组织开展正式认证前的"预认证"。

"**先做好提醒**"。认证要点培训中,主要展现以往面试官认证实践中常见的"十大坑"及优秀的面试案例,提醒大家容易出现的问题,以及做得好是什么样子。

"**再形成机制**"。将优秀实践成果固化成为实操性的学习工具,让面试官在练习时有标准化操作流程可参考和学习,提高整体练习及认证效率。

"**做持续反馈**"。建立面试官认证辅导微信群,并且应用明确有效的群运营机制,包括面试官群内分享面试记录、心得感悟进行积分,德锐每日分享面试tips进行知识赋能等方式,确保认证前练习的积极性。

"**上场前练兵**"。这些也只是能保证前期的练习效果,为了帮助面试官们能够提前感受真实认证场景,在实战中发现问题,德锐咨询组织开展正式认证前的"预认证",由德锐咨询顾问参与业务的真实面试场景,当场面试结束后现场给予面试官一对一的细致反馈与辅导,一针见血指明存在问题,并给出明确的调整建议,同时顾问会把面试中的优点与不足翔实记录在"金牌面试官认证表"中。表格中会针对每个模块都有非常细致的评估标准,反馈给面试官帮助其在真正认证前的一段时间里做调整方向的参考。

在面试官们每天紧锣密鼓的练习期间,德锐咨询顾问经常会遇到这样的闲暇时间面试官们的交流场景。

勇华集团面试官 1:"我这几天面试发现候选人在回答我的问题时,呈现出一些特点,有些是回答的事例过于模糊,有些愿意回答一些观点而不愿意讲具体的事例,有些回答的是假设性的答案,没有实际的价值……"

勇华集团面试官 2:"我在面试时很容易带入自己的过往经验,忍不住脑补候选人的经历,担心追问得过细会让候选人觉得自己很无知……"

从这些交流的话题和内容,可以看出整个勇华集团都非常重视金牌面试官的认证工作,大家都在努力地学习、不断交流经验,每个人都很希望自己可以一举拿下金牌面试官的身份。

在这种浓烈的氛围下，通过培训、学习、练习，以及一次又一次的面试反馈，勇华集团最终共展开125场次面试官认证，共计49人次，第一次认证通过率高达90%，第二次全员通过认证，这49名面试官均拿到了金牌面试官证书，而这第一批金牌面试官也能够作为火种培养出更多勇华集团金牌面试官，为勇华集团人才供应链的建设蓄力护航。

在这之后，作为首批的面试官团队时时刻刻关注着勇华集团人才选拔的一举一动，因为选人失误所造成的后果早已深刻在他们的内心。在这样的驱动力和意念的影响下，面试官们自主策划了一年一度的校园招聘。与往常不同的是，在种子面试官们的影响下，本次的校园招聘受到了诸多业务部门的大力支持，他们踊跃地参与校园招聘的策划活动，在前期，他们对校园招聘流程发出了心声，主动帮助集团对接中国各大高校的院校资源；在后期，他们也积极地通过面试官的认证，踊跃地参与校招招聘的复试，高效的配合使得集团在本次的活动中将组织的协同力发挥到了最大。勇华集团在2023年仅使用了往常2/3的招聘经理，但最终获得了上千份有效简历。同时在本次的校招结束后，勇华集团的面试官得到了候选人们的一致好评，在当地的人才市场上更是取得了一骑绝尘的效果，颇有天下之才皆为勇华所用之势。

除了组织内部招聘协同力的显著提升之外，最终勇华集团的招聘也给业务部门带来了显著的价值：

"今年这批孩子的质量比往届好太多了，有普通院校但能力突出的，也有著名高校，双商突出的，人才的多样性得到了提升。"

"像之前我们的员工都试用了3个月了，最后发现还是不能胜任，现在招的小伙子机灵多了，1个多月的时间，就能上手了，带起来也轻松。"

"以前嘛，我们用了大笔钱，招了一堆性价比不高的员工，而且我对招聘的标准也不了解，但是我现在就能根据我的员工标准去选到我想要的人，像前阵子，我遇到了一个小姑娘，面试其他公司没面上，像往常这种应届生我是不要的，但今年我发现她是适合我们部门的人，别的公司没要她反而对我来说是个好事情。"

……

最后，为了确保勇华集团有自己持续培养新的金牌面试官的能力，德锐咨询也为勇华集团培养了4位面试认证官，主要是分以下3个步骤来进行的。

- ◆ 认证官选拔：从通过德锐咨询认证的金牌面试官中选拔出具有潜质的认证官候选人，主要结合个人意愿及面试整体表现两个方面。
- ◆ 认证官培训：对认证官的培训更多是基于认证的角度，从对面试官提问、追问、控场和面试结果判断4个方面的能力来培训认证官。
- ◆ 认证官认证：认证官在多次练习后，在实际的面试场景中，对面试官进行认证，德锐咨询对认证官的认证能力加以认证。

至此，收获了49人次的金牌面试官和4人次的面试认证官的精准选人项目在勇华集团圆满结束！通过这次选人项目，勇华集团系统解决了前期诊断中出现的选择面太窄、标准不清晰、判断不准确等招聘工作中存在的问题，从人才吸引、人才定义、人才识别三方面系统提高了选人的能力，从源头上为新业务开拓提供了稳健的人才保障。

参考文献

1. 李祖滨，陈媛，孙克华. 人才画像：让招聘准确率倍增[M]. 北京：机械工业出版社，2021．
2. 李祖滨，李锐. 3倍速培养：让中层管理团队快速强大[M]. 北京：机械工业出版社，2022．
3. 李祖滨，刘玖锋. 精准选人：提升企业利润的关键[M]. 北京：电子工业出版社，2018．
4. 李祖滨，汤鹏. 聚焦于人：人力资源领先战略（第2版）[M]. 北京：电子工业出版社，2020．
5. 李祖滨，汤鹏，李志华. 345薪酬：提升人效跑赢大势[M]. 北京：电子工业出版社，2019．
6. 胡赛雄. 华为增长法[M]. 北京：中信出版社，2020．
7. 埃里克·施密特，乔纳森·罗森伯格. 重新定义公司：谷歌是如何运营的[M]. 靳婷婷，陈序，何晔，译. 北京：中信出版社，2019．
8. 李祖滨，陈媛. 人才画像：让招聘准确率倍增[M]. 北京：机械工业出版社，2021．
9. 领英中国智库. 人才吸铁石：用"MAGNET"原则塑造最强雇主品牌[M].北京：人民邮电出版社，2017．
10. 吴建国. 华为团队工作法[M]. 北京：中信出版社，2019．
11. 埃德·迈克尔斯，海伦·汉德菲尔德-琼斯，贝丝·阿克塞尔罗德. 人才争夺战：麦肯锡打造伟大企业的五条法则[M]. 徐洪力，王心，译. 北京：华夏出版社，2020.